Stefan Liesenfeld

GELEBTE NÄHE – GOTTES STIL

Impulse für eine zeitgemäße Nächstenliebe bei Chiara Lubich und Papst Franziskus

Stefan Liesenfeld

GELEBTE NÄHE
—
GOTTES STIL

Impulse für eine zeitgemäße Nächstenliebe
bei Chiara Lubich und Papst Franziskus

VERLAG NEUE STADT
MÜNCHEN · ZÜRICH · WIEN

Als Jorge Mario Bergoglio im März 2013 zum Papst gewählt wurde, signalisierte er bereits durch seine Namenswahl in Anlehnung an den Heiligen aus Assisi sein offenes Ohr für den »Schrei der Armen« wie für den »Schrei der Erde«. Mit seinen Schreiben »Laudato si'« über die Umweltthematik und »Fratelli tutti« über »die Geschwisterlichkeit und die soziale Freundschaft« hat Papst Franziskus weit über den kirchlichen Raum hinaus Aufsehen erregt.

Chiara Lubich (1920–2008), Gründerin der Fokolar-Bewegung und spirituelle Impulsgeberin, erhielt für ihr Engagement für Dialog, Menschlichkeit und eine in Vielfalt geeinte Welt u. a. den UNESCO-Preis für Friedenserziehung und den Menschenrechtspreis des Europarats.

Der Autor, Stefan Liesenfeld, Jg. 1962, Dipl.-Theol., verheiratet, zwei Kinder, Programmleiter des Verlags Neue Stadt, hat u. a. mehrere Publikationen von Chiara Lubich übersetzt und herausgegeben.

Übertragung der zitierten Texte von Chiara Lubich aus dem Italienischen: Gudrun Griesmayr und Stefan Liesenfeld

Mehr Bäume. Weniger CO_2

Klimaneutral gedruckt durch CO_2-Ausgleich. Weil jeder Beitrag zählt.

2024, 1. Auflage
© Alle Rechte der deutschsprachigen Ausgabe
bei Verlag Neue Stadt GmbH, München
Umschlaggestaltung und Satz: Neue-Stadt-Grafik
Druck: CPI books GmbH, Leck
ISBN 978-3-7346-1353-1

neuestadt.com

Inhalt

Zu diesem Buch 9

BIBLISCHE SCHLAGLICHTER 19

*Eine Geschichte der Nähe 19 – Das zwei-eine Hauptgebot.
Gottes Stil will unser Stil werden 23*

I – „WER IST MEIN NÄCHSTER?" 29

**Eine Geschichte, die es in sich hat:
Das Gleichnis vom barmherzigen Samariter** 29
Der Samariter als Bild für Gott und für Christus 32

**„Wer ist mein *Nächster*?"
Eine Weitung über alle Grenzen** 35
Die Universalisierung in der „goldenen Regel" 35
Auch die Fremden – sogar die Feinde – alle! 37
Alle lieben, das heißt jede, jeden Einzelnen 44
Unterschiede verblassen – und andere zeigen sich 47

**„*Wer* ist mein Nächster?" oder:
Wer oder was ist für uns der Mensch?** 55
Einige Beobachtungen vorab 55
„Gottes Ebenbild" 61
Der Mensch: Weg zu Gott 67
Jesus im Nächsten 69
   *Christus als „Bild des unsichtbaren Gottes" 72 – „Worte
   im Wort": unser tiefstes Sein und unsere Berufung 73 –
   Eine grundlegende Gleichheit 79 – Der Wert des Alltäg-
   lichen 80*
Berührtwerden vom Heiligen 81

Inhalt

II – NÄHE LEBEN – ABER WIE? 85

Ganz konkret: den Einzelnen sehen 86

Ganzheitlich: Dimensionen gelebter Nähe 88

Nähe und Distanz 91

Angesichts der Not der Einsamkeit 94

Barmherzig und bereit zur Vergebung 96
Schuld und Verletzungen ernst nehmen 100

„Wie dich selbst". Über Nächstenliebe und Selbstliebe 102
Wo wir sind und wie wir können 110

„Wie ich euch geliebt habe": Mit *seiner* Liebe lieben 113

Exkurs: Von göttlicher und menschlicher Liebe 116

Gottes Vorliebe – unsere Vorliebe 120

„Liebe sein" und „sich einsmachen" 122
„Sich einsmachen" 124 – Mit einem weiten, freien Herzen 126 – Sich Zeit nehmen und zuhören 127

Leer-Sein von sich selbst:
Auf Augenhöhe gehen und Raum geben 131

Wie eine Mutter, wie Maria 134

„Unterscheidung" in der größten Nähe 138

**III – KONKRETISIERUNGEN
    IN EINER GLOBALISIERTEN WELT** 143

Geplatzte Träume? Ja, gerade deshalb 143
*Die innerste Motivation: Motiv für Zusammenarbeit 152 –
Dem Engagement „eine Seele geben" 154*

Armut und Ungleichheit. Ökonomische Aspekte 158

„Den Schrei der Erde hören". Ökologische Aspekte 167
Dem Gegenwind standhalten 170

Inhalt

Stichwort Migration:
  Ängste vor Überfremdung und Identitätsverlust 173
  Identitätswahrung? 178
Diskriminierungen überwinden 182
Nähe leben in einer digitalen, virtuellen Welt 190
Dialog statt Polarisierung in Politik und Gesellschaft 196
  In der Welt der Politik 204 – Dialog als Lebensstil,
  getragen von Freundlichkeit 208
Frieden? 211

JEDEN TAG NEU. EIN AUSBLICK 227

Abkürzungs- und Quellenverzeichnis 231

Zu diesem Buch

„Vergessen wir nicht,
dass die Nähe der Stil Gottes ist:
Nähe, Mit-Leid und Zärtlichkeit.
Das ist der Stil Gottes."

Papst Franziskus[1]

Den „Stil Gottes" bewusst zu machen und dafür zu werben, das ist ein Herzensanliegen von Papst Franziskus. Es ist das, was Jesus in Wort und Tat verkündet hat – formuliert in Sehnsuchtsworten, die wie gemacht sind für unsere Zeit:

Wie sehr ist Nähe vonnöten in einer geschichtlichen Phase, in der viele, Alte wie Junge, unter Einsamkeit leiden und Spaltung, Aus- und Abgrenzung um sich greifen;

Mit-Leid in einer Welt, in der die Schreie nach Menschlichkeit ungehört zu verhallen scheinen und Kriege unvorstellbares Leid verursachen;

Zärtlichkeit als Balsam in einem sozioökonomischen Gefüge, in dem oft nur Zahlen zählen und Optimierung durch (vermeintlichen?) digitalen und technischen Fortschritt im Vordergrund zu stehen scheint.

---

1   Beim „Festival der Familien", 22.6.2022.

Nähe, Nahe-Sein, das ist ein schier uferloses Thema. Ein menschliches Thema ersten Ranges. Aus psychologischer wie soziologischer Warte wäre viel dazu zu sagen, es ist von existenzieller Bedeutung und hat politische Konsequenzen. Hier ist nicht der Ort für eine umfassende Vertiefung, aber diese Aspekte können auch nicht außen vor bleiben. Der Glaube ist ja keine religiöse Sonderwelt: Es geht ums Menschsein, um volles, ungeteiltes Menschsein. Weil es Gott selbst um den Menschen geht: Gottesliebe „geht nicht" ohne Nächstenliebe, und die gibt es nur konkret, im Hier und Heute.

* * *

In seiner programmatischen Ansprache zur Eröffnung der „Weltsynode" lud Papst Franziskus dazu ein, „immer zum Stil Gottes" zurückzukehren, und er erläuterte: „Der Stil Gottes ist Nähe, Mitleid und Zärtlichkeit. Gott hat immer auf diese Weise gewirkt. Wenn wir nicht mit einer Haltung von Mitgefühl und Zärtlichkeit dahinkommen, eine solche Kirche der Nähe zu werden, sind wir nicht die Kirche des Herrn. Und dies darf nicht nur mit Worten geschehen, sondern durch Präsenz, sodass sich stärkere Bande der Freundschaft mit der Gesellschaft und der Welt bilden: eine Kirche, die sich nicht vom Leben trennt, sondern sich der Zerbrechlichkeit und Armut unserer Zeit annimmt, um die Wunden zu behandeln und die niedergeschlagenen Herzen mit dem Balsam Gottes wiederherzustellen. Vergessen wir nicht den Stil Gottes, der uns dabei helfen muss: Nähe, Mitleid und Zärtlichkeit."[2]

Die gleiche Stoßrichtung gab Papst Franziskus auch der Fokolar-Bewegung in ermutigenden, eindringlichen Worten mit auf den Weg:

> „Was das Handeln betrifft, so ermutige ich euch, Zeugen der Nähe zu sein durch eine geschwisterliche Liebe, die jede Barriere überwindet und jede Situation erreicht, in der Menschen sich befinden. Es ist der Weg der geschwisterlichen Nähe … Vergesst nicht, dass die Nähe, das Nahe-Sein, die authentischste Sprache Gottes war … Nähe ist der Stil Gottes."[3]

Auf Anregung von Margaret Karram, arabische Israelin, Präsidentin der Fokolar-Bewegung und Teilnehmerin der Synode, ist „Nähe" das Schwerpunktthema der Fokolar-Bewegung für 2025. In den Schriften und Vorträgen von Chiara Lubich (1920–2008), der Gründerin, finden sich in diesem Zusammenhang zahlreiche Impulse. Seit den Anfängen der Bewegung in den 1940er-Jahren in Trient sprach Chiara, wie sie meist einfach genannt wird, oft über die Nächstenliebe, tief berührt von der Botschaft Jesu und ihren persönli-

---

2 9.10.2021, https://press.vatican.va/content/salastampa/it/bollettino/pubblico/2021/10/09/0648/01384.html#ted
3 Am Ende der Generalversammlung 2021.

chen wie auch gemeinsamen Erfahrungen „mit dem gelebten Wort". In der Orientierung an Worten der Heiligen Schrift ging ihr auf, dass diese stets getragen sind von „Liebe" und hinführen zu einer lebendigen Liebe und einer Einheit, die etwas ganz anderes und viel Tieferes ist als Uniformität.

* * *

Dieses Buch ist der dritte Band einer Reihe, in der die Fokolar-Spiritualität aus verschiedenen Blickwinkeln vertieft werden soll:

– Das Buch „In seiner Gegenwart" (2022/2023) lenkte den Blick auf die Gottesbeziehung, also gewissermaßen nach innen (wozu die Nächstenliebe und die gegenseitige Liebe zuinnerst hinzugehören).

– In „Weiter als gedacht" (2023/2024) war das „Leben nach außen" der rote Faden: die Weitergabe der Frohen Botschaft (nicht zuletzt durch eine facettenreich gelebte Liebe).

– In „Gelebte Nähe" geht es nun speziell um eine zeitgemäße Nächstenliebe – im Angesicht aktueller Herausforderungen und Nöte.

Diese Fokussierung kann nützlich sein: Bemühungen, „nach innen zu gehen", könnten als bloße Selbstfindung missverstanden werden, letztlich eine Verengung auf das eigene Ego; „nach außen zu gehen" läuft

Gefahr, doch wieder verzweckt zu werden. Für Chiara gehörten die Bewegung „nach innen" und die „nach außen" untrennbar zusammen – im Wunsch, dass jene echte, uneigennützige Liebe zum Zug kommt, die persönlich und universal zugleich ist, jene Liebe, in der jeder Einzelne zählt und die dabei eine in Vielfalt geeinte Menschheitsfamilie anvisiert. Der Ausgangspunkt ist für Chiara Gott, ihr „Ideal", jener Gott, dem es radikal um den Menschen geht, der „die Liebe" ist, in sich und für uns, für die Welt. Ihr Schlüsselerlebnis war die persönliche Entdeckung seiner unendlichen Liebe – und das unmittelbare Begreifen, dass diese Liebe allen gilt.

> „Jesus, der uns Vorbild ist, hat uns ein Zweifaches verstehen lassen, das untrennbar zusammengehört: Wir sind Kinder eines Vaters und untereinander Geschwister. Richten wir also unseren Blick auf den einen Vater der vielen Kinder. Und sehen wir die Menschen als Kinder dieses einen Vaters" (Lubich, Sehnsucht, 182).

Eine universale Geschwisterlichkeit wäre eigentlich logisch, möchte man meinen, doch wie anders ist die Realität. Umso mehr brannte Chiara für dieses Anliegen, dafür, „dass alle eins seien" (*ut omnes unum sint*, Johannes 17,21), eins wie der Vater und der Sohn. Darauf zielt alles Lieben.

* * *

In diesen großen Horizont hineingestellt, verliert das Wort von der Nächstenliebe allen moralisierenden, womöglich betulichen und angestaubten Klang, den es für manche hat. Es geht darum, den Menschen in den Mittelpunkt zu stellen, es geht um die Gegenwart und Zukunft der Einzelnen wie ums große Ganze, um die Menschheit und die Erde. Papst Franziskus hat dies in prophetischer Deutlichkeit immer wieder durchbuchstabiert, so in seinen Enzykliken *„Laudato sì. Über die Sorge für das gemeinsame Haus"* (mit einem Schwerpunkt auf der Umweltthematik) und *„Fratelli tutti"*, in der er von der „Geschwisterlichkeit und sozialen Freundschaft" spricht. *Fratelli tutti* („Alle sind Brüder und Schwestern"), dieses Motto hat der Papst von Franz von Assisi übernommen:

> Dieser „nennt hier den Menschen selig, der den anderen, ‚auch wenn er weit von ihm entfernt ist, genauso liebt und achtet, wie wenn er mit ihm zusammen wäre'. Mit diesen wenigen und einfachen Worten erklärte er das Wesentliche einer freundschaftlichen Offenheit, die es erlaubt, jeden Menschen über das eigene Umfeld und seinen Geburts- und Wohnort hinaus anzuerkennen, wertzuschätzen und zu lieben" (Franziskus, FT 1).

Fratelli tutti (FT) ist ein ebenso fundiertes wie leidenschaftliches Rundschreiben; es hat große Resonanz auch außerhalb christlicher Kreise gefunden. Hier öffnet sich das weite Panorama dessen, was Nächstenliebe aktuell in unserer globalisierten Welt beinhaltet. Ein Rückzug ins Private und Vertraute, ins „bloß Spirituelle", in fromme Kreise, in kirchliche Binnenräume oder irgendeine eigene „Blase", ein Festhalten am Bekannten und Liebgewonnenen, ein Betrauern einer vermeintlich besseren Vergangenheit, ein noch so tugendhaftes persönliches „christliches Leben" ohne Sinn für die Nöte anderer ... – das alles ist heute nicht mehr möglich. Ob wir wollen oder nicht: Wir sind mitbetroffen von dem, was andernorts passiert.

* * *

Schon gar nicht ist ein Rückzug möglich, wenn wir versuchen, Welt und Menschen „so zu sehen, wie Gott sie wohl sieht" (Chiara Lubich). Gott liegt wie gesagt an allen, an jedem Menschen, auch heute, auch morgen. Er ist immer *up to date* – oder er wäre nicht Gott. Gott ist und bleibt ein naher Gott. Er spricht hinein in unsere Fragen, Nöte, Herausforderungen. Er leidet mit. Und hat uns etwas zu sagen zur Frage, was es heute heißt, Nächstenliebe zu leben, Nähe zu praktizieren.

Franziskus spricht von „sozialer Freundschaft" und „politischer Nächstenliebe". Das klingt ungewohnt, lässt die weiten Dimensionen erahnen. Unverkennbar ist der Gleichklang zwischen seinen Ausführungen und den Impulsen, die Chiara Lubich gegeben hat. Chiara hat schon ganz früh das Engagement ihrer entstehenden Gemeinschaft als eine „Antwort auf die sozialen Probleme" zunächst in ihrer Stadt, dann auch weit darüber hinaus begriffen.

* * *

Chiara war sich sehr wohl bewusst, dass der ständige Verweis auf die Liebe Gefahr läuft, sich abzunützen. Doch die Frage: „Ist nicht längst alles gesagt?" ist falsch gestellt. Die Frage muss heißen: „Was davon ist realisiert? Was heißt es heute?" In einem Kommentar zu einem Bibelvers schrieb Chiara 2005, keine drei Jahre vor ihrem Tod:

> „Wir sprechen oft über die Liebe, und es mag überflüssig erscheinen, dies noch einmal zu betonen. Aber so ist es nicht! Unser ‚alter Mensch' (vgl. Römer 6,6) ist immer auf dem Sprung, sich ins Private zurückzuziehen, kleinliche persönliche Interessen zu pflegen, die Menschen zu vergessen, die an uns vorbeigehen, gleichgültig zu bleiben gegenüber dem Gemeinwohl und den Bedürfnissen der Menschen um uns herum. Entfachen wir neu die Flamme der Liebe in unseren Herzen, und wir werden unsere Umgebung mit neuen Augen sehen und begreifen, was zu tun ist, um unsere Gesellschaft zum Positiven zu verändern. Die Liebe wird uns Wege zu kreativem Handeln aufzeigen und den Mut und die Kraft geben, sie zu beschreiten" (PdV, 759-761).

Kreativität, Mut und Kraft tun not, um nicht einer ernüchterten Resignation oder inneren Ermüdung zu erliegen. Manch einer „wirft hin", in der Politik, in der Kirche … Nicht wenige schotten sich ab oder wollen sich schlicht schützen vor „all den negativen Nachrichten". Man kann es verstehen. Doch umso mehr braucht es Menschen, die positive Akzente setzen, die den eigenen Blick weiten und schärfen für das, was ansteht, und die miteinander ihren Teil beitragen, um die nötigen Schritte zu tun.

Dass Chiara wie Papst Franziskus dabei aus der biblischen Botschaft schöpfen, muss nicht ausgeführt werden. Beeindruckend aber ist, *wie sprechend* diese Botschaft bei ihnen wird: Ja, Gott spricht mitten hinein in unsere Zeit. Sein Stil, der in der Bibel aufleuchtet, ist das, was gerade heute vonnöten ist. Seine Liebe, die keinen ausschließt, ist eine revolutionäre, für immer verändernde Kraft.

So sollen am Anfang einige biblische Schlaglichter stehen, sodann folgt eine Geschichte, in der Jesus selbst veranschaulicht, was Nächstenliebe meint – für Papst Franziskus ist es ein Schlüsseltext. Spirituelle wie praktische Impulse von Chiara Lubich und Papst Franziskus möchten einladen zum Nach- und Mitdenken, zum Gespräch und nicht zuletzt zum Leben. Gottes Stil will unser Stil werden: „Lieben ist das Leben Gottes. Es soll auch unser Leben werden", formuliert Chiara (Lubich, Ich liebe, 10).

Stefan Liesenfeld

„Alles, was ihr wollt, dass euch die Menschen tun, das tut auch ihnen!"

Matthäus 7,12

„Du sollst den Herrn, deinen Gott, lieben mit ganzem Herzen, mit ganzer Seele und mit all deinen Gedanken. Das ist das wichtigste und erste Gebot. Ebenso wichtig ist das zweite: Du sollst deinen Nächsten lieben wie dich selbst."

Matthäus 22,37–39

„Was ihr für einen meiner geringsten Brüder [und Schwestern] getan habt, das habt ihr mir getan ...
Was ihr für einen dieser Geringsten nicht getan habt, das habt ihr auch mir nicht getan."

Matthäus 25,40.45

Biblische Schlaglichter

Eine Geschichte der Nähe

JHWH, „Ich-bin-der-ich-bin", „Ich bin der *Ich-bin-da*" – der Gottesname (Exodus 3,14) ist eine Zusage: Er, der geheimnisvolle Gott, wird sich als naher Gott erweisen, als einer, der immer da ist. „Gott ist die Liebe", heißt es prägnant im Neuen Testament (1 Johannes 4,8.16). Nähe, Nahe-Sein ist ein Grundmotiv der biblischen Offenbarung, eine Grunderfahrung des Gottesvolkes im Ersten und im Neuen Bund. Es ist eine tiefe, tausendfache Erfahrung – und ein Auftrag, unsererseits Nähe zu leben, Nächstenliebe zu praktizieren, zu „Nächsten" zu werden. Schon im Alten Testament, und mit Jesus noch einmal ganz neu.

Ja, die Bibel ist eine einzige Beziehungsgeschichte: die Geschichte eines geheimnisvoll-nahen (wenn auch oft als fern erlebten) Gottes mit den Menschen und der Menschen mit Gott. Mit unmittelbaren Konsequenzen für uns und unser Verhalten zueinander. Es wäre eine eigene Publikation, diesem Strang in der Bibel auf den Grund zu gehen. Hier aber wenigstens einige Schlaglichter:

Der Gott der Bibel ist ein Gott, der sich dem Menschen zuwendet, einer, der ihn anspricht, ihn sieht, sein Schreien hört, ihn „erzieht", für ihn sorgt, für ihn da ist wie ein liebender Vater, wie eine gute Mutter und mehr als jeder Vater, jede Mutter es je könnte:

> „Kann eine Mutter ihren Säugling vergessen? Bringt sie es übers Herz, das Neugeborene seinem Schicksal zu überlassen? Und selbst wenn sie es vergessen würde – ich vergesse dich niemals!" (Jesaja 49,15).

Nähe ist Gottes Stil. Er spricht zum Menschen durch die Schöpfung und durch Erfahrungen, durch Geschehnisse und durch Menschen. Er schenkt sich, teilt sich mit. Er bleibt geheimnisvoll, wird zur Frage und entzieht sich – um wieder gesucht zu werden! Er verzeiht und setzt immer wieder einen neuen Anfang. Er erwählt ganz persönlich bestimmte Menschen, geht einen Bund ein mit „seinem Volk" – und hat dabei alle, die ganze Menschheit im Visier. Wie die Heilige Schrift von Gottes Nähe zum Menschen und zur Menschheit spricht, ist faszinierend. Er ist der ganz Andere und doch der ganz Nahe. Er liebt alle. Und hat gerade deshalb eine Vorliebe: für die in Not, für „Witwen und Waisen".

„Nahe ist der HERR allen, die ihn rufen",

heißt es in Psalm 145,18, und in Psalm 34,18f steht die tröstliche Zusage:

„Die aufschrien, hat der HERR erhört, er hat sie all ihren Nöten entrissen. Nahe ist der HERR den zerbrochenen Herzen."

* * *

Gott ist nah und kommt nah. So sehr, dass er in Jesus einer von uns wird: Gott-mit-uns, Immanuel (Matthäus 1,23). „Der Sohn Gottes hat sich in seiner Menschwerdung gewissermaßen mit jedem Menschen vereinigt", formuliert das Zweite Vatikanische Konzil (GS 22). In Jesus hat er unser Leben geteilt, als Mensch gelebt, „in allem uns gleich, außer der Sünde", er hat mitgefühlt mit unseren Schwächen (vgl. Hebräer 4,15) … Sein ganzes Leben spricht vom nahegekommenen Gott, ja: In diesem Menschen Jesus kommt Gott selber uns nah, in dem, was Jesus tut, wie er agiert, wie er umgeht mit den Menschen; in dem, wie er fragt und hört und spricht, in seinen Geschichten und Erzählungen; in seiner Hingabe bis zum Äußersten. „Die Zeit ist erfüllt, das Reich Gottes ist nahe" (Markus 1,15) – in ihm, dem menschgewordenen Sohn Gottes, in seinem Leben, seinem Schicksal. Der 1. Johannesbrief bringt es auf den Punkt: „Gott ist die Liebe" (1 Johannes 4,8.16).

Jesus ist die Verkörperung von Gottes Stil und Wesen: Nähe, Mit-Leid und Zärtlichkeit. Man denke nur an die Geschichte der Frau, die beim Ehebruch ertappt worden war und gesteinigt werden sollte (Johannes 8), überhaupt an Jesu Umgang mit Zöllnern und Sündern, an seine Geschichten und Gleichnisse. Auf das „Gleichnis vom barmherzigen Samariter"[4] (Lukas 10,25–37) wird ausführlicher zurückzukommen sein: Es ist Jesu eigene Antwort auf die Frage: „Wer ist mein Nächster?"

* * *

Aus der Vogelperspektive betrachtet zeigt uns die Bibel: Gott möchte die Menschen „in seine Gemeinschaft einladen und aufnehmen"; „durch Christus, das fleischgewordene Wort", sollen sie „im Heiligen Geist Zugang zum Vater haben und teilhaftig werden der göttlichen Natur" (DV 2). Was in diesem Text des Zweiten Vatikanischen Konzils in theologische Sprache gefasst ist, klingt vielen heute fremd. Dabei geht es ganz konkret um unser Leben; es zielt auf etwas Großes, Schönes: auf unsere tiefe Sehnsucht nach erfülltem Leben. Er, der unfassbare Schöpfer des Alls, will unser Glück, er will das „Heil" der Menschen, Leben, Freude in Fülle, mehr noch: in Überfülle, über alle Sehnsucht hinaus – bei ihm, in ihm, der *das* Leben, der dreifaltige Einheit, der Liebe ist. Er will *unser* Glück. Die biblische Geschichte ist eine Geschichte der Nähe, *die weitergeht*. „Ich bin mit euch alle Tage bis zum Ende der Welt" (Matthäus 28,20), sagt Jesus.

Es bleibt freilich auch nach Jesu Kommen eine Geschichte des Suchens und Ringens, des Findens und

---

4   Die Bibelwissenschaftler sprechen genauer von einer „Beispielerzählung", in der anhand einer konkreten, nichtalltäglichen Geschichte etwas Wichtiges klargemacht wird.

Gefunden-Werdens, eine Geschichte von je neuen „Durchgängen". Die Bibel kennt die *Zusage* Seiner Nähe wie die *Bitte* um Seine Nähe. Nicht von ungefähr heißt es im letzten Buch der Bibel ganz am Schluss: „Komm, Herr Jesus!" (Offenbarung 22,20).

Das zwei-eine Hauptgebot.
Gottes Stil will unser Stil werden

Gott möchte, dass sich sein Volk, dass sich die Seinen seine liebende Sorge für die Menschen zu eigen machen. Auch in den entsprechenden Weisungen drückt sich seine Liebe aus, von den Zehn Geboten bis zu den Mahnungen der Propheten. Dass Menschen Liebe erfahren können, dass es ihnen gut geht, das hängt eben auch von uns ab:

> „Das ist ein Fasten, wie ich es liebe: die Fesseln Unschuldiger zu lösen, die Stricke des Jochs zu entfernen, die Versklavten freizulassen, jedes Joch zu zerbrechen, den Hungrigen dein Brot zu geben, die Armen aufzunehmen, die keine Wohnung haben, wenn du einen Nackten siehst, ihn zu bekleiden, und deinen Bruder nicht im Stich zu lassen" (Jesaja 58,1-9).

Wem an Gott liegt, der kommt am Menschen nicht vorbei. Chiara hat dies über die Jahrzehnte hinweg geradezu refrainartig herausgestellt, nur ein Beispiel:

„Die Liebe zum Nächsten ist eine ausgezeichne-
te Art und Weise, um Gott zu lieben. Therese
von Lisieux sagt darüber: ‚Die Nächstenliebe ist
alles auf Erden: In dem Maße, wie wir sie in die
Tat umsetzen, lieben wir Gott'" (Lubich, Sehnsucht,
222; vgl. dies., AB, 181).

So kann Chiara sagen, *der* Weg zu Gott seien die
Schwestern und Brüder; gerade in unserer Zeit sollten
wir uns dessen bewusst sein (vgl. Lubich, AB, 181).

Jesus selbst hat die Gottes- und Nächstenliebe
zu einem „zwei-einen" Hauptgebot zusammenge-
schweißt. Als ein Schriftgelehrter nach dem ersten,
dem wichtigsten Gebot fragt, antwortet Jesus ihm mit
zwei Geboten, die er in einem Atemzug nennt:

„Das erste ist: Höre, Israel, der Herr, unser Gott,
ist der einzige Herr. Darum sollst du den Herrn,
deinen Gott, lieben mit ganzem Herzen und
ganzer Seele, mit deinem ganzen Denken und
mit deiner ganzen Kraft. Als zweites kommt
hinzu: Du sollst deinen Nächsten lieben wie
dich selbst. Kein anderes Gebot ist größer als
diese beiden" (Markus 12,29-31).

Noch deutlicher ist – paradox formuliert – die Gleich-
wertigkeit des nachgeordneten Gebots im Matthäus-
evangelium:

„Du sollst den Herrn, deinen Gott, lieben mit
ganzem Herzen, mit ganzer Seele und mit dei-

nem ganzen Denken. Das ist das wichtigste und erste Gebot. *Ebenso wichtig ist das zweite:* Du sollst deinen Nächsten lieben wie dich selbst. An diesen beiden Geboten hängt das ganze Gesetz und die Propheten" (Matthäus 22,37-40).

Jesus greift zwei aus dem Alten Testament bekannte, dort an verschiedenen, auseinanderliegenden Stellen stehende Gebote auf[5] und bindet sie zusammen – Gottesliebe und Nächstenliebe lassen sich nicht auseinanderdividieren. So prägnant „auf den Punkt gebracht" findet sich das doppelte Hauptgebot sonst nicht. Ganz in diesem Sinne heißt es im Ersten Johannesbrief: „Wer seinen Bruder nicht liebt, den er sieht, kann Gott nicht lieben, den er nicht sieht" (1 Johannes 4,20).[6] Chiara schreibt:

„Die geschwisterliche Liebe ist ein Hauptgebot. Darum hat alles Wert, was aufrichtiger Ausdruck davon ist. Nichts, was wir tun, hat Wert, wenn es nicht getragen ist von der Liebe zu den Brüdern und Schwestern. Denn Gott ist Vater; im Herzen hat er immer und einzig die Kinder" (Lubich, A1, 33).

---

5   Deuteronium 6,5 sowie Levitikus 19,18.
6   Wobei wie gesagt auch an vielen Stellen im Alten Testament, nicht zuletzt in den Prophetenbüchern, herausgestellt wird, dass Gott selbst die Liebe und Sorge für die Menschen am Herzen liegt. „Barmherzigkeit will ich, nicht Opfer" (Hosea 6,6; ein auch von Jesus zitiertes Wort: Matthäus 9,13; 12,7).

Wenn Jesus die ungeteilte Liebe zu Gott an den Anfang stellt und ausdrücklich sagt: „Das ist das wichtigste und erste Gebot", dann heißt das nicht, dass die Gottesliebe in der Nächstenliebe „aufginge". Gott, der Vater, war *alles* für Jesus, aber ein „einschließendes Alles": In *ihm* finden wir alle und alles.

Wenn *Gott* der erste und oberste Bezugspunkt, der Ausgangs- und Zielpunkt ist, dann verleiht dies eine ungeheure Freiheit:
– die Freiheit uns selbst gegenüber: Ich werde meine begrenzten Wünsche und Ziele nicht absolut setzen, sondern bleibe entwicklungsfähig, offen für ein „Mehr", für eine Verwirklichung meiner selbst, die meine eigenen Vorstellungen übersteigt. Gott zuerst, das befreit zu einer wirklichen, nach vorne offenen Selbstliebe, die nicht zu kurz greift und mich nicht auf mein momentanes Bild von mir selbst begrenzt, das von so vielem abhängt;
– die Freiheit dem Nächsten gegenüber. Nächstenliebe läuft ja immer auch Gefahr, dass ich mich in Abhängigkeiten verzettele, mich dabei verfehle oder überfordere.
In Gott verankert zu sein hilft, realistisch und verantwortlich Nähe zu praktizieren: Ich weiß, dass nicht ich der Heiland der Welt bin, dass nicht ich die Welt und die Nächsten retten kann. Ich darf *vertrauen*: Das Geschick von Welt und Menschen, auch der Allernächsten und Allerliebsten, liegt in anderen, in guten Händen – selbst da noch, wo wir den Eindruck haben: ER tut aber nichts. ER tut es vielleicht anders, als wir meinen. Glauben heißt, mit Jesus am Ölberg zu sagen: „Nicht wie ich will ..." Die daraus erwachsende letzte Freiheit ist innerweltlich nicht zu gewinnen.

Wenn die Liebe zum Menschen an Gott „festgemacht" ist, steht sie auf einem Fundament, das durch nichts infrage gestellt werden kann. Sie ist jeder innerweltlichen Verzweckung enthoben und hat Wert für alle Ewigkeit. Für Chiara war Gott „das Ideal ihres Lebens", ihr „Ein und alles", und gerade *deshalb* war die Liebe untereinander und zu allen so zentral für sie (vgl. hierzu: Lubich, In Seiner Gegenwart [= ISGw]).

Den Nächsten zu lieben wie sich selbst, das also ist für Jesus in Verbindung mit der Gottesliebe das Wichtigste: „Darin besteht das Gesetz und die Propheten" (Matthäus 7,12). Wie Gott uns nahe ist und in Jesus unser Leben in allem geteilt hat, so sollen auch wir den Menschen nahe sein.

> „Freude und Hoffnung, Trauer und Angst der Menschen von heute, besonders der Armen und Bedrängten aller Art, sind auch Freude und Hoffnung, Trauer und Angst der Jünger Christi. Und es gibt nichts wahrhaft Menschliches, das nicht in ihren Herzen seinen Widerhall fände" (Zweites Vatikanisches Konzil, GS 1).

> „Jesu Weg hat einen Namen: Liebe. Um ihm zu folgen, haben auch wir diesen Weg zu beschreiten: den Weg der Liebe" (Lubich, Discorsi, 590f).

„Liebe" ist Jesu Stil – und Jesu Stil ist Gottes Stil.
„Wer mich gesehen hat, hat den Vater gesehen" (Johannes 14,9).
„Wie mich der Vater geliebt hat, so habe auch ich euch geliebt. Bleibt in meiner Liebe!" (Johannes 15,9).
„Wie ich euch geliebt habe, so sollt auch ihr einander lieben" (Johannes 13,34; vgl. 15,12).
Jesu Stil, Gottes Stil will auch unser Lebensstil werden. Ganz plastisch zeigt uns das Jesu Geschichte vom barmherzigen Samariter. Sie ist *seine* Antwort auf die Frage eines Schriftgelehrten: „Wer ist mein Nächs-

ter?" – in Form einer verweigerten Antwort. Jesus lässt sich auf keine theoretischen Überlegungen ein, sondern lädt ein, selbst Nächste zu werden. Eine ebenso zeitlose wie hochbrisante Antwort mit sehr aktuellen Konsequenzen. Nicht von ungefähr hat Papst Franziskus sie nach einer nüchternen Diagnose unserer Zeit in die Mitte seines Schreibens über die Geschwisterlichkeit und soziale Freundschaft gestellt.

I
„Wer ist mein Nächster?"

EINE GESCHICHTE, DIE ES IN SICH HAT: DAS GLEICHNIS VOM BARMHERZIGEN SAMARITER

Wer ist mein Nächster?" So die Frage eines Schriftgelehrten an Jesus. Dessen Antwort ist nicht theoretisch, keine Definition, keine anthropologische Formel, kein Katechismus-Satz. Er erzählt eine Geschichte. Eine Geschichte, die es in sich hat. Sie steht im Lukasevangelium im Anschluss an das „Doppelgebot" von der Gottes- und Nächstenliebe. Hier ist es ein Gesetzeslehrer, der die beiden Gebote zusammenstellt, was Jesus ausdrücklich als „richtig" bezeichnet:

„In jener Zeit stand ein Gesetzeslehrer auf, um Jesus auf die Probe zu stellen, und fragte ihn: ‚Meister, was muss ich tun, um das ewige Leben zu erben?' Jesus sagte zu ihm: ‚Was steht im Gesetz geschrieben? Was liest du?' Er antwortete: ‚Du sollst den Herrn, deinen Gott, lieben mit deinem ganzen Herzen und deiner ganzen Seele, mit deiner ganzen Kraft und deinem ganzen Denken, und deinen Nächsten wie dich selbst.' Jesus sagte zu ihm: ‚Du hast richtig geantwortet. Handle danach und du wirst leben!' Der Gesetzeslehrer wollte sich rechtfertigen und sagte zu Jesus: ‚Und wer ist mein Nächster?'" (Lukas 10,25-29).

Jesus antwortet dem Gesetzeslehrer:

„Ein Mann ging von Jerusalem nach Jericho hinab und wurde von Räubern überfallen. Sie plünderten ihn aus und schlugen ihn nieder; dann gingen sie weg und ließen ihn halbtot liegen. Zufällig kam ein Priester denselben Weg herab; er sah ihn und ging vorüber. Ebenso kam auch ein Levit zu der Stelle; er sah ihn und ging vorüber. Ein Samariter aber, der auf der Reise war, kam zu ihm; er sah ihn und hatte Mitleid, ging zu ihm hin, goss Öl und Wein auf seine Wunden und verband sie. Dann hob er ihn auf sein eigenes Reittier, brachte ihn zu einer Herberge und sorgte für ihn. Und am nächsten Tag holte er zwei Denare hervor, gab sie dem Wirt und sagte: Sorge für ihn, und wenn du mehr für ihn brauchst, werde ich es dir bezahlen, wenn ich wiederkomme" (Lukas 10,30-35).

Und Jesus stellt dem Lehrer seinerseits eine Frage, in der er die Ausgangsfrage umdreht:

„‚Wer von diesen dreien meinst du, ist dem der Nächste geworden, der von den Räubern überfallen wurde?' Der Gesetzeslehrer antwortete:

‚Der barmherzig an ihm gehandelt hat.' Da sagte
Jesus zu ihm: ‚Dann geh und handle du genauso!'" (Lukas 10,36f).

Genau besehen gibt Jesus also gar keine Antwort auf
die Frage, wer denn nun mein Nächster ist – und be-
antwortet sie gerade so! Denn es geht darum, *wie wir
selbst Nächste werden können* für einen anderen, *wer immer er ist, und so, wie er es braucht.* Und das beginnt mit
dem Sehen: dem Wahrnehmen einer Not, dem Sehen
des anderen – und dem Angerührt-Werden. Der Mann
aus Samaria „hatte Mitleid", heißt es in der Überset-
zung. Das Original ist viel stärker: „Es trifft ihn ins
‚Eingeweide', in seine Seele hinein, diesen Menschen
so zu sehen"; ihm wird „das Herz aufgerissen" und
„durch den Blitz des Erbarmens, der seine Seele trifft,
wird er nun selbst zum Nächsten, über alle Fragen
und Gefahren hinweg … Es geht nicht mehr darum,
welcher andere mir Nächster ist oder nicht … Ich
muss zum Nächsten werden, dann zählt der andere
für mich ‚wie ich selbst'."[7]

Nicht theoretische Erörterungen zählen, sondern das
berührbare Herz, der offene Blick und die konkrete
Zuwendung: „Geh und handle *du* genauso!" Du! Der
Schriftgelehrte wird direkt angesprochen. Ein jeder
ist direkt angesprochen. Werde ich selbst zum Nächs-

---

7 Joseph Ratzinger/Benedikt XVI., Jesus von Nazareth. Erster Teil,
   Freiburg 2007, 237.

ten? Habe ich offene Augen? Lasse ich mich berühren, erschüttern? Papst Franziskus schreibt:

> „Die Erzählung – sagen wir es deutlich – liefert keine Lehre abstrakter Ideale … Es ist keine mögliche Option, gleichgültig gegenüber dem Schmerz zu leben; wir können nicht zulassen, dass jemand ‚am Rand des Lebens' bleibt. Es muss uns so empören, dass wir unsere Ruhe verlieren und von dem menschlichen Leiden aufgewühlt werden. Das ist Würde" (FT 68).

Es gilt das Herausfordernde, das Provozierende neu zu hören, es *heraus*zuhören, um hinter bekannten Formeln die Bedeutung zu erfassen, die darin steckt und die es für uns hat. „Geh und handle *du* genauso!"

Der Samariter als Bild für Gott und für Christus

Wir können Jesu Geschichte vom barmherzigen Samariter auch als eine Erzählung von Gott lesen: Er verkörpert den „Stil Gottes" uns Menschen, der Menschheit gegenüber. So jedenfalls haben die Kirchenväter das Gleichnis symbolisch gedeutet: Die Menschheit, die Menschen liegen verwundet danieder am Straßenrand der Weltgeschichte, vielfach zerschlagen, übersehen, einander auf vielfältige Weise verletzend und mit Situationen konfrontiert, in denen unser aller Bedürftigkeit überdeutlich wird. Eine Bedürftigkeit in alle Richtungen, materiell, physisch, psychisch, spirituell, angesichts von Fragen nach Sinn und nach dem, was bleibt. Dies alles „sehend", davon berührt, hat „Gott, der Ferne, sich in Jesus Christus zum Nächsten gemacht" (Benedikt XVI.).

Zuallererst sollten wir selbst uns dessen bewusst werden und uns seiner Liebe vergewissern, den Sprung in den Glauben an diese Liebe wagen. Dies ist und bleibt immer das Erste. Wenn wir unsere Bedürftigkeit und die Liebe Gottes sehen, die genau da hineinreicht, dann wird „der gewaltige Imperativ, der in dem Gleichnis liegt, ... nicht abgeschwächt, sondern erst zu seiner ganzen Größe gebracht": *Als Beschenkte*, als Geliebte können wir lieben; dann, „wenn wir ihm ähnlich werden, der uns alle zuerst geliebt hat" (1 Johannes 4,19)".[8] *Dann* können auch wir uns sagen lassen: Geht und handelt ebenso.

„Wirklich zu lieben versteht, wer sich ehrlich geliebt weiß" (Lubich, Conversazioni, 256f).

„Glauben wir, dass wir von Gott geliebt sind! So werden wir uns mit größerem Glauben auf das Abenteuer der Liebe einlassen und mit ihm für eine erneuerte Menschheit arbeiten können. Der Mensch rückt in den Mittelpunkt unseres Interesses, wir teilen mit ihm Niederlagen und Erfolge, geistige und materielle Güter. Um gut

---

8   A. a. O., 241.

zu lieben, erblicken wir in den Schwierigkeiten, Verwerfungen und Leiden der Welt nicht nur gesellschaftliche Missstände, die es zu beseitigen gilt, sondern wir erkennen in ihnen das Antlitz Christi, der sich nicht scheut, sich hinter jedem menschlichen Elend zu verbergen. Er weckt die besten Energien in uns, um für das Wohl des Menschen zu wirken" (Lubich, L'amore al fratello, 112).

Welche Energien die Erfahrung der Liebe Gottes und der Glaube daran im Laufe der Geschichte freigesetzt hat und freisetzt, ist nicht einmal zu erahnen. Von ihm ergriffen, haben sich zahllose Menschen den Stil Gottes zu eigen gemacht; selber von ihm berührt, haben sie auf oft heroische Weise Nähe praktiziert, persönlich wie in Form von sozialen Werken; denken wir nur an einen Franz von Assisi, einen Vinzenz von Paul, einen Albert Schweitzer, einen Raoul Follereau, den „Apostel der Leprakranken", an eine Mutter Teresa ... und an so viele andere, bekannte und kaum bekannte Menschen. Auch für Chiara stand die Liebe Gottes am Anfang: Als ihr die grenzenlose Liebe Gottes zu ihr und allen bewusst wurde, hat sie ihr Leben der Liebe und Einheit verschrieben.[9]

---

9   Vgl. hierzu z. B. die Ausführungen mit vielen Originalzitaten in: ISGw, 20–30.

„WER IST MEIN *NÄCHSTER?*" – EINE WEITUNG ÜBER ALLE GRENZEN

Als „Nächste" galten traditionell diejenigen, die zur Solidargemeinschaft des Volkes Israel gehörten. Wer dazugehörte, war mitverantwortlich für die anderen und sollte sich seinerseits auf sie verlassen können. Das war die ursprüngliche Stoßrichtung der Weisung, den anderen zu lieben wie sich selbst (Levitikus 19,18). Die Samariter gehörten nicht dazu.

Die Universalisierung in der „goldenen Regel"

Freilich gab es auch in Israel durchaus schon Aufforderungen zu einer Liebe zu allen Menschen. So heißt es im Buch Tobit (4,15): „Was du hasst, das tu niemand anderem an!"; in der Lutherübersetzung: „Was du nicht willst, dass man dir tu, das füg auch keinem anderen zu!" Der Weise Hillel schrieb im 1. Jh. v. Chr., darin bestehe „das Gesetz und die Propheten, alles andere ist nur die Erläuterung".

> „Der Wunsch, die göttliche Haltung nachzuahmen, führte zur Überwindung der Tendenz, sich nur auf die Nächsten zu beschränken: ‚Das Erbarmen eines Menschen gilt seinem Nächsten, das Erbarmen des Herrn aber gilt allen Lebewesen' (Jesus Sirach 18,13)" (Franziskus, FT 59).

Das Zitat aus dem Buch Tobit („Was du hasst, das tu niemand anderem an!") ist, in negativer Formulierung, die auch von Jesus zitierte *goldene Regel*:

> „Alles, was ihr wollt, dass euch die Menschen tun, das tut auch ihnen!" (Matthäus 7,12).

Auch für Jesus besteht darin „das Gesetz und die Propheten" (ebd.). Es ist eine Lebensregel, eine Maxime, die viele Kulturen und Religionen kennen; sie ist somit ein Anknüpfungspunkt für eine universale Ethik. Chiara hat darauf in vielen öffentlichen Reden, insbesondere bei interreligiösen Begegnungen, verwiesen.[10] In einem Kommentar zu Matthäus 7,12 schreibt sie, wenn man dieses Wort auch nur ein wenig begreife, lasse es „einen vor Freude springen. Es fasst zusammen, was wir im Leben zu tun haben. Es fasst jedes Gesetz zusammen, das Gott in den Grund des Herzens eines jeden Menschen eingeprägt hat". Christus habe die goldene Regel eingeführt,

> „... aber sie war bereits allgemein bekannt. Das Alte Testament kannte sie. Seneca kannte sie, und im Osten findet man sie beim Chinesen Konfuzius ... Das zeigt, wie sehr sie Gott am Herzen liegt, wie sehr er möchte, dass alle Menschen sie zur Norm ihres Lebens machen ... Jeden Nächsten, dem wir im Laufe des Tages begegnen, sollten wir auf diese Weise lieben.

---

10 Vgl. z. B. W, 180f; Impulse 51, 156, 160.

Versetzen wir uns in seine Lage und behandeln wir ihn so, wie wir an seiner Stelle behandelt werden möchten" (Lubich, PdV, 103-105; vgl. Sehnsucht, 227).

Auch die Fremden – sogar die Feinde – alle!

Mehrfach im Alten Testament wird Israels eigene Unterdrückungserfahrung in Ägypten herangezogen, um zu begründen, weshalb man auch mit „Nicht-Volksgenossen" anständig umgehen soll. So heißt es im Buch Exodus, einen Fremden solle man nicht ausnützen oder ausbeuten, *„denn ihr selbst seid im Land Ägypten Fremde gewesen"* (22,20, vgl. 23,9). Ähnlich im Buch Levitikus:

> „Wenn bei dir ein Fremder in eurem Land lebt, sollt ihr ihn nicht unterdrücken. Der Fremde, der sich bei euch aufhält, soll euch wie ein Einheimischer gelten und du sollst ihn lieben wie dich selbst; denn ihr seid selbst Fremde in Ägypten gewesen" (19,33f).

Im Neuen Testament wird dann ausdrücklich von der Liebe zu allen Menschen gesprochen: „Euch aber lasse der Herr wachsen und reich werden in der Liebe zueinander *und zu allen"* (1 Thessalonicher 3,12). Selbst die Feinde sollen nicht ausgenommen werden: „Liebt eure Feinde; tut denen Gutes, die euch hassen!" (Lukas 6,27; vgl. Matthäus 5,44). „Gott lässt seine Sonne aufgehen über

Bösen und Guten, und er lässt regnen über Gerechte und Ungerechte" (Matthäus 5,45). Gottes Liebe schließt niemanden aus – und genauso weit soll unsere Liebe gehen. Ob sie *wirklich* allen gilt, das zeigt sich denen gegenüber, bei denen die Sache ernst wird:

eher im Umgang mit den manchmal lästigen Nächsten als mit denen, die weiter weg sind und einen folglich nicht „nerven" können;

eher Andersdenkenden gegenüber als Gleichgesinnten;

eher denen gegenüber, die „anders" sind, eine andere Kultur, Religion etc. haben, als denen gegenüber, die einem ähnlich sind und in gewohnte Muster passen;

eher bei den Unbequemen, bei denen, deren Gesellschaft einem Probleme bereiten könnte als bei denen, deren Gesellschaft angenehm oder von Vorteil ist. Im Extremfall sogar in entfeindender Feindesliebe;[11]

auch denen gegenüber, die aus den Rastern eigener moralischer Vorstellungen fallen, die etwa in „irregulären Beziehungen" leben (ein Wort, das für die Betroffenen diskriminierend ist). Jesus stellte sich unmissverständlich vor alle Ausgegrenzten. Bei ihm standen die Ausgestoßenen, die „Zöllner und Dirnen", Menschen wie Zachäus oder die Ehebrecherin in der

---

11 Die konkrete Sorge für den Feind wird auch im alttestamentlichen Buch der Sprichwörter angeraten. Sie ist keine weltfremde Naivität, sondern zielt auf eine positive Veränderung: „Hat dein Feind Hunger, gib ihm zu essen, hat er Durst, gib ihm zu trinken; *so bringst du glühende Kohlen auf sein Haupt*, und der Herr wird es dir vergelten" (Sprichwörter 25,21f).

Mitte. Indem die „draußen" Stehenden hineingenommen werden, ja den ersten Platz bekommen, zeigt sich, worauf echte Liebe hinzielt: Sie will verbinden, Gemeinschaft stiften, vereinen. Unterschiedslos. Und dafür scheut sie weder Unverständnis noch den Konflikt: Jesus ist Konflikten nicht aus dem Weg gegangen, wenn er etwa vermeintlich fromme Regeln durchbrach, selbst da nicht, wo es ihn Kopf und Kragen kostete.

Nach Jesu Art alle Menschen lieben, das heißt: keinen ausgrenzen, sich nicht von (Vor-)Urteilen leiten lassen, sich an den Rand wagen, da sein für jede(n), wie er, wie sie es gerade braucht, diejenigen zu Nächsten machen, die meine, die unsere Nähe brauchen.

> „Zu den berührendsten Aspekten der Liebe Jesu gehört, wie er stets alle willkommen geheißen hat, besonders die von allen Ausgegrenzten, die Bedürftigsten ..." (Lubich, PdV, 512).

Ein Musterbeispiel ist die großartig erzählte Episode von der Ehebrecherin:

> „Am frühen Morgen begab er sich wieder in den Tempel. Alles Volk kam zu ihm. Er setzte sich und lehrte es. Da brachten die Schriftgelehrten und die Pharisäer eine Frau, die beim Ehebruch ertappt worden war. Sie stellten sie in die Mitte und sagten zu ihm: ‚Meister, diese Frau wurde beim Ehebruch auf frischer Tat ertappt. Mose

hat uns im Gesetz vorgeschrieben, solche Frauen zu steinigen. Was sagst du?' ... Jesus aber bückte sich und schrieb mit dem Finger auf die Erde. Als sie hartnäckig weiterfragten, richtete er sich auf und sagte zu ihnen: ‚Wer von euch ohne Sünde ist, werfe als Erster einen Stein auf sie.' Und er bückte sich wieder und schrieb auf die Erde. Als sie das gehört hatten, ging einer nach dem anderen fort, zuerst die Ältesten. Jesus blieb allein zurück mit der Frau, die noch in der Mitte stand. Er richtete sich auf und sagte zu ihr: Frau, wo sind sie geblieben? Hat dich keiner verurteilt?' Sie antwortete: ‚Keiner, Herr.' Da sagte Jesus zu ihr: ‚Auch ich verurteile dich nicht. Geh und sündige von jetzt an nicht mehr!'" (Johannes 8,2-11).

„Welch zärtliche Liebe, was für eine tiefe Menschlichkeit!", kommentierte Chiara.[12] Ja, diese Episode spricht für sich und wirft unwillkürlich Fragen auf: Wie denken, handeln wir? Wie wird Kirche wahrgenommen? Wer „an die Ränder gehen" will, wie Papst Franziskus nahelegt, darf keine Berührungsängste haben, muss gegebenenfalls alte Denkweisen hinter sich lassen. Ihm sei „eine verbeulte Kirche, die verletzt und beschmutzt ist, weil sie auf die Straßen hinausgegangen ist, lieber als eine Kirche, die aufgrund ihrer Verschlossenheit

---

12 Diario 1964-1980, 31.

und ihrer Bequemlichkeit, sich an die eigenen Sicherheiten zu klammern, krank ist", so Franziskus (EG 49). Weder Herkunft noch Sympathien, weder sozialer Status noch Geschlecht oder irgendeine andere Unterscheidung sind relevant für die Frage, wem unsere Liebe, unsere Zuwendung gelten soll:

> „Für die Liebe ist es unerheblich, ob der verletzte Bruder von hier oder von dort kommt. Denn es ist die Liebe, die die Ketten sprengt, die uns isolieren und trennen, indem sie Brücken schlägt; Liebe, die es uns möglich macht, eine große Familie zu bilden, in der wir uns alle zu Hause fühlen; Liebe, die nach Mitgefühl und Würde schmeckt" (Franziskus, FT 62).

Solche Liebe verleiht auch dem eigenen Leben „Geschmack", wie Chiara schreibt:

> „Versuchen wir den zu lieben, der uns im gegenwärtigen Augenblick des Lebens begegnet [wer immer es ist!], und wir werden merken, dass neue, ungeahnte Kräfte in uns erwachen. Unser Leben bekommt dadurch Geschmack und Farbe" (Lubich, A1, 158f).

Unterschiedslos alle lieben heißt nicht, alle auf dieselbe Weise zu lieben. Aber niemand soll grundsätzlich von unserer Liebe ausgeschlossen sein. Diese universelle Weite ist ein Kernelement der „Kunst zu lieben", für Chiara ein Kennzeichen christlicher Liebe:

„Es geht darum, die echte Liebe im Herzen leben zu lassen. Dann gibt es für uns weder Mann
noch Frau (vgl. Galater 3,28), weder sympathisch
noch unsympathisch, weder hübsch noch häss-
lich ... Es kommt nicht darauf an, ob jemand zur
selben Nation gehört oder Ausländer ist, ob er
dieselbe Religion hat wie ich oder nicht, ob er
mein Alter hat oder nicht, ob er Freund oder
Feind ist ..." (Lubich, Ich liebe, 48f).

Das ist provozierend anders als das oft vorherrschen-
de Denken, wie auch Jesu Gleichnis eine Provokation
war und ist. Heute wie in seiner Zeit:

„Ein Samariter war für einige Juden damals als
ein verachtungswürdiger, unreiner Mensch an-
zusehen. Deshalb gehörte er nicht zu den Nachbarn, denen man Hilfe gewähren musste. Der
Jude Jesus stellt diese Auffassung völlig auf den
Kopf: Er ruft uns nicht auf, danach zu fragen,
wer die sind, die uns nahe sind, sondern uns
selbst zu nähern, selbst zum Nächsten zu werden. Es geht darum, der hilfsbedürftigen Person
beizustehen, ohne darauf zu schauen, ob sie zu
meinen Kreisen gehört. Im genannten Fall ist es
der Samariter, der dem verletzten Juden *der
Nächste geworden* ist. Um sich ihm zu nähern
und bei ihm zu sein, hat er alle kulturellen und
geschichtlichen Schranken überwunden" (Franziskus, FT 80f).

Der Bibelwissenschaftler Kardinal Gianfranco Ravasi zitiert eine moderne Übertragung dieses Gleichnisses, die den Sinn der Erzählung plastisch vor Augen führt. Ravasi schreibt: „Es handelt sich um eine Aktualisierung im gesellschaftlichen Kontext der Vereinigten Staaten von Amerika, die … zurückgeht auf eine Predigt von Martin Luther King: ‚Stell dir vor, weißer Rassist, vielleicht einer vom Ku-Klux-Klan, du, der du dich lautstark bemerkbar machst, sobald ein Schwarzer das Lokal betritt, und keine Gelegenheit versäumst, um deine Verachtung und deinen Abscheu zu demonstrieren, stell dir nur mal vor, dass du auf einer kaum befahrenen Straße an der Peripherie von New York in einen Verkehrsunfall verwickelt bist. Da liegst du, erbärmlich verblutend … Ganz selten kommt ein Auto vorbei, ein Auto eines Weißen. Er sieht dich und fährt weiter. Jetzt stell dir vor, in einem bestimmten Moment fährt ein schwarzer Arzt vorbei, hält an und eilt dir zu Hilfe. In diesem Moment wirst du begreifen, was das heißt: Nächster sein.‘ Ungeachtet der Hautfarbe, der Herkunft und Kultur einzig darauf achten, ob jemand meinen Weg kreuzt und leidet … – das Gleichnis ist ein eindringlicher Appell, Nächster zu werden" (Gianfranco Ravasi, Die vier Evangelien. Hinführungen und Erklärungen, München 2013, 312).

Ja, die Überwindung all dieser genannten Schranken ist und bleibt eine Herausforderung, denn, so stellt Chiara realistisch fest, „üblicherweise macht der Mensch in der Liebe Unterschiede. Die Liebe Gottes dagegen gilt allen Menschen; sie ist universal", wie Chiara zu betonen nicht müde wurde (Lubich, Cercando, 13f).

Alle lieben, das heißt jede, jeden Einzelnen

Die Liebe zu allen Menschen sei so leicht, schwierig sei die Liebe zu jedem, lautet ein tiefsinniger Spruch. Wirkliche Liebe braucht beides: das Universale und das ganz Persönliche, und zwar beides nicht „allgemein", sondern ganz konkret „an dem Platz, an dem man steht":

> „Darin besteht das Gleichgewicht christlicher Liebe: sich persönlich dem Einzelnen zuwenden, der in der Nähe ist, und an dem Platz, an dem man steht, sich tatkräftig einsetzen für die ganze Kirche und die gesamte Menschheit" (Lubich, A1, 278).

„Alle lieben" ist herunterzubrechen auf jeden einzelnen Menschen in seiner Einzigartigkeit. Die Liebe Gottes, der „regnen lässt über Gerechte und Ungerechte" (Matthäus 5,45), funktioniert nicht nach dem Gießkannenprinzip. Sie ist ganz persönlich, sie nimmt alle Menschen in ihrer jeweiligen konstitutiven Einzigartigkeit wahr: jede(n) als unverwechselbares, nicht austauschbares „Du". Dies ist das Wunder der Liebe.

Und ein Wunder ist es, *wie* die Liebe jeden einzelnen Menschen sieht: als ihn selbst, als ein ungeteiltes Ganzes, als Person in ihrer Würde und Ganzheit, egal, wie sie ist und was sie hat. Jesus sieht *Menschen*, nicht *die* Menschen, er sieht alle, alle einzeln. Er sieht die Ehebrecherin. Er sieht den Einzelnen in seiner Not. Er

„vereinzelt" die gröhlende Männermenge, die weiß, was das Gesetz verlangt: „Er sah sie alle der Reihe nach an" (Lukas 6,10). Er schaut ihnen in die Augen, ins Herz. Und konfrontiert sie mit sich selbst.

Jesu Blick berührt, es ist eine Begegnung von Mensch zu Mensch. In solcher Intensität können wir nicht in jedem Moment leben, aber es ist etwas Großes, wenn man spürt: *Ich* bin gemeint. Solche Augen-Blicke können einen prägen, ein Leben lang. Sie können wohltuend sein, aber auch, wie in der zitierten Evangeliumsstelle, aufrüttelnd, entlarvend, beschämend. Niemand kann sich in der Masse verstecken. In der Episode von der Ehebrecherin heißt es: „*Einer nach dem anderen*" ging fort, „zuerst die Ältesten" (Johannes 8,9).

Liebe sieht den Einzelnen. In dem, was er ist, in seiner Einzigartigkeit und *als ein Ganzes*. Wer in der Liebe stehe, in ihr schaue, so der jüdische Gelehrte Martin Buber in seiner typischen Sprache,

> „… dem lösen sich Menschen aus ihrer Verflochtenheit ins Getriebe; Gute und Böse, Kluge und Törichte, Schöne und Hässliche, einer um den andern wird ihm wirklich und zum Du, das ist, losgemacht, herausgetreten, einzig …; Ausschließlichkeit ersteht wunderbar Mal um Mal – und so kann er wirken, kann helfen, heilen, erziehen, erheben, erlösen" (Martin Buber, Das dialogische Prinzip, Gerlingen [8]1997, 19).

In geradezu poetischen Bildern drückt Buber aus, was es meint, den anderen *als Person* zu sehen:

> „Wie die Melodie nicht aus Tönen sich zusammensetzt, der Vers nicht aus Wörtern und die Bildsäule nicht aus Linien, man muss dran zerren und reißen, bis man die Einheit zur Vielheit zubereitet hat, so der Mensch, zu dem ich Du sage. Ich kann die Farbe seiner Haare oder die Farbe seiner Rede oder die Farbe seiner Güte aus ihm holen, ich muss es immer wieder; aber schon ist er nicht mehr Du" (ebd. 12f).

Gewöhnlich nehmen wir erst einmal diese oder jene Eigenschaft bei einem anderen Menschen wahr (wenn wir ihn überhaupt sehen), wir registrieren unterbewusst, wie er auf uns wirkt, wir ordnen ihn zu, stecken ihn in Schubladen oder sortieren die Menschen nach irgendwelchen Rastern, Kategorien. Ganz zu vermeiden ist das wohl nicht. Aber vielleicht können wir öfter mal daran denken: Wer auch immer vor uns steht, ist immer mehr als dies und das; er, sie ist *ein Du* (mit allem, was zu ihm, zu ihr gehört), ein Ganzes, Person. Mensch wie ich. Einmalig, einzigartig, niemals im Letzten „begriffen". Wie auch ich selbst nicht. Wir sind uns und einander ein Geheimnis, aber so, wie wir sind, als „ein Ganzes", sind wir von Gott geliebt und gerufen, uns und einander zu lieben. Dies ist ein bleibender Impuls auch aus Chiaras Erfahrung.

Unterschiede verblassen – und andere zeigen sich

Im Gleichnis vom Samariter fällt auf, wie einerseits Unterschiede verblassen – und andere sich zeigen, Genauer, es tritt das *entscheidende* Unterscheidende im Verhalten der Passanten zutage. Papst Franziskus hat das scharf herausgearbeitet:

„Es ist interessant, wie die Unterschiede zwischen den Gestalten der Erzählung vollständig verwandelt werden angesichts des qualvollen Ausdrucks des gefallenen und gedemütigten Menschen. Es gibt keine Unterscheidung mehr zwischen dem Bewohner von Judäa [dem ‚Rechtgläubigen'] und dem von Samaria [einem Fremden, einem ‚Häretiker', wenn man so will], es gibt weder Priester noch Händler; es gibt einfach zwei Arten von Menschen: jene, die sich des Leidenden annehmen, und jene, die um ihn einen weiten Bogen herum machen; jene, die sich herunterbücken, wenn sie den gefallenen Menschen bemerken, und jene, die den Blick abwenden und den Schritt beschleunigen.
In der Tat fallen unsere vielfältigen Masken, unsere Etikette, unsere Verkleidungen: Es ist die Stunde der Wahrheit. Bücken wir uns, um die Wunden der anderen zu berühren und zu heilen? Bücken wir uns, um uns gegenseitig auf den Schultern zu tragen?" (Franziskus, FT 70).

Es ist, so zeigt uns Jesu Geschichte, nicht entscheidend, ob jemand dieser oder jener Gruppierung angehört, ob er diese oder jene Berufung hat, ob er dies oder jenes versteht oder nicht, ob er den rechten Glauben hat oder nicht, ob er viel geleistet hat oder nicht … – die Aufzählung ließe sich endlos fortführen. Nicht, dass alles andere einfach unwichtig wäre, aber die Gretchenfrage ist dann doch: „Bücken wir uns, um uns gegenseitig auf den Schultern zu tragen?" Oder, mit Jesu Worten aus der großen Rede in Matthäus 25: *Was haben wir ihm, dem geringsten Bruder, der geringsten Schwester und damit Jesus selbst getan oder nicht getan?*

Diese Frage schafft eine ganz eigene und eigentümliche Gleichheit. Etiketten und Positionen, Würden, Status und Ansehen, Erfolg und Leistungsfähigkeit und so weiter und so fort spielen da plötzlich keine Rolle. „Bücken wir uns, um uns gegenseitig auf den Schultern zu tragen?" Darauf kommt es an.

An einer Stelle seines Schreibens konstatiert der Papst betrübt:

„Bei jenen, die vorbeigehen, gibt es eine Besonderheit, die wir nicht übersehen dürfen: Sie waren religiöse Menschen. Mehr noch, sie widmeten sich dem Gottesdienst: ein Priester und ein Levit. Das ist eine besondere Bemerkung wert: Es weist darauf hin, dass die Tatsache, an Gott zu glauben und ihn anzubeten, keine Garantie dafür ist, dass man auch lebt, wie es Gott gefällt ... Paradoxerweise können diejenigen, die sich für ungläubig halten, den Willen Gottes manchmal besser erfüllen als die Glaubenden" (Franziskus, FT 74).

Und Franziskus bringt ein konkretes Beispiel: die Haltung gegenüber Migranten. Eine fremdenfeindliche Mentalität führe dazu, dass man in der Praxis,

> „mit den Entscheidungen und der Art und Weise, wie man sie behandelt, zum Ausdruck [bringt], dass man ihnen weniger Wert beimisst, sie für weniger wichtig und weniger menschlich hält. Es ist nicht hinnehmbar, dass Christen diese Mentalität und diese Haltungen teilen, indem sie politischen Präferenzen Vorrang einräumen vor tiefen Glaubensüberzeugungen, nämlich die unveräußerliche Würde jedes Menschen unabhängig von Herkunft, Hautfarbe oder Religion sowie das höchste Gesetz der geschwisterlichen Liebe" (Franziskus, FT 39).

Nicht selten kommt es zu einer Verkennung und Missachtung der unveräußerlichen Würde jedes Menschen ausgerechnet im Namen der Religion. Doch wenn etwa der „Schutz des christlichen Abendlandes" angeführt wird, wenn man sich im Besitz der Wahrheit, „der wahren Religion" oder allgemein „auf der richtigen Seite" wähnt, dann lenkt das nur ab vom Wesentlichen. Die Echtheit des Glaubens erweist sich nach

Franziskus im demütigen Dasein-für-… – ohne Überlegenheitsgefühle. Ohne Diskrimierungen und Vorurteile. Gewiss, manche Ängste und auch konkrete Schwierigkeiten sind ernstzunehmen. Und doch braucht es eine klare, unmissverständliche Haltung: Niemals dürfen Menschen herausfallen aus dem Kreis derer, denen wir Nächste werden können, ja müssen.

Sich nicht zu täuschen, was „ein religiöses Leben" ausmacht, dazu rief Chiara schon ganz früh auf; in einem Brief aus den 1940er-Jahren führt sie aus:

> „Allzu oft meinen wir, Gott zu lieben bedeute stundenlang Anbetung zu halten, sich in kirchlichen Kreisen zu bewegen, lange zu beten usw. Doch nicht allein das macht ein religiöses Leben aus … Dazu gehört genauso, sich *mit allen* einzumachen, die Menschen neben uns zu lieben wie uns selbst – mit einer sensiblen und zugleich starken Liebe, und ihnen das zu wünschen, was wir uns selbst wünschen" (Lubich, Lettere dei primi tempi, 203).

Der Levit und der Priester hatten Wichtiges zu tun. Sie waren wohl auf dem Weg nach Jerusalem, salopp mit einem Wort aus einem Kinofilm gesagt: Sie waren „im Auftrag des Herrn unterwegs" – und übersahen das Wichtigere, das in diesem Augenblick Allerwichtigste: den Menschen, der am Straßenrand lag. Sie wurden ihm nicht zum Nächsten. – Meine Nächsten, das können gerade diejenigen werden, die meine noch so heiligen, meistens aber profanen Pläne durchkreuzen, ausgerechnet zur unpassendsten Zeit ... Zum Nächsten werden, das verlangt, sich stören zu lassen, flexibel zu sein, wenigstens einen „Augen-Blick" für diesen Menschen zu haben.

> „Manchmal fühlen wir uns mitten in einer ‚wichtigen Arbeit' von einem Nächsten gestört: Jemand bittet uns um irgendetwas, unerwartet kommt Besuch, ein Anruf ... Fest überzeugt, gerade mit wichtigen Dingen beschäftigt zu sein, gehen wir nicht auf das Anliegen des anderen ein" (Lubich, La vita un viaggio, 69f).

Chiara nennt als extremes Beispiel Maximilian Kolbe, der 1941 in Auschwitz für einen Mithäftling in den Hungerbunker ging und dort ermordet wurde, um zu ermutigen, in alltäglichen Situationen wenigstens kurz, aber „ganz" für diejenigen da zu sein, die unverhofft unsere Wege kreuzen:

> „Pater Kolbe erteilt uns eine eindrucksvolle Lektion: Jedem Menschen gegenüber sollen wir alles andere vergessen können. Und wenn wir uns wirklich keine Zeit für ihn nehmen können, weil die Pflicht uns zu anderen Dingen ruft, sollten wir zumindest einige Augenblicke ganz für ihn da sein" (ebd.).

„Zumindest einige Augenblicke ..." – In Zeit und Raum und mit allen Verantwortlichkeiten und Aufgaben, die wir haben, können wir nicht unbegrenzt für jeden da sein – und wir dürften es auch nicht. Auch der Samariter konnte und wollte nicht alles selbst regeln. In eine Herberge hat er den Verletzten gebracht, damit ihm dort weitergeholfen würde. „Ganz" war er dennoch da: Wiederkommen würde er und alle Rechnungen begleichen. Liebe findet Wege. Und: Nur gemeinsam, im Miteinander können wir den vielen Bedürfnissen gerecht werden.

In Klammern und zum Bedenken: Der Herbergswirt *vertraut* dem Fremden aus Samarien, dass er wiederkommen würde. Er geht ein Risiko ein: Die überlassenen Mittel könnten nicht reichen, und er bliebe auf den Kosten sitzen. Doch nur so geht es: Eine solidarische Gesellschaft lebt von Vertrauen, von einem Vertrauensvorschuss. Von vornherein und prinzipiell zu *miss*trauen, immer alle möglichen Nachweise zu verlangen, bevor geholfen wird, das ist das Ende solidarischen Miteinanders: So geht es nicht. Doch solche Tendenzen nehmen derzeit im politischen Tagesgeschäft offenkundig zu.

Zeit, das ist eines vom Kostbarsten, was wir in der kollektiven Hektik und Ruhelosigkeit einander schenken können. Der Samariter, selbst ein Fremder, hat sich Zeit genommen, hat sich stören und seine Pläne unterbrechen lassen, „sogar" einem Fremden gegenüber:

> „Der großherzige Samariter widerstand der Versuchung eines ... klassifizierenden Denkens, obwohl er selbst ... nur ein Fremder ohne eigenen Platz in der Gesellschaft war. Frei von allen Titeln und Strukturen, war er in der Lage, seine

Reise zu unterbrechen und seine Pläne zu ändern sowie offen zu sein für das Unvorhergesehene, für den Verwundeten, der ihn brauchte …"

Und nachdenklich fährt der Papst fort:

„Welche Reaktion würde diese Geschichte heute hervorrufen, in einer Welt, in der es immer mehr soziale Gruppen gibt, die sich an eine Identität klammern, die sie von anderen trennt? Wie kann sie diejenigen ansprechen, die zu einer Ordnung neigen, die alles Fremde verhindern möchte, das die eigene Identität und ein solches System der Abschottung und Selbstbezogenheit stören könnte? In einem solchen System kann man nicht zum Nächsten werden" (Franziskus, FT 100f).

Doch da, wo jemand wirkliche Nähe lebt, können „Menschen durch die Wärme seiner Liebe aufleben und neue Hoffnung schöpfen" (Lubich, A1, 53f). Anschaulich-poetisch führt Chiara dies in einem Text aus, der förmlich danach ruft, einer oft ernüchterten Gesellschaft „die Frische neuen Lebens einzuhauchen":

„Hast du nie beobachtet, wie unter den Strahlen der Sonne auf einer verlassenen Straße junges Grün hervorsprießt und unaufhaltsam das Leben neu erblüht? So ist es mit den Menschen neben dir, wenn du sie nicht mehr mit den Augen der Welt anschaust, sondern sie aufrichtest mit

der göttlichen Kraft der Liebe. Gottes Liebe ist
in dir wie eine Sonne, die unaufhörlich Leben
neu erblühen lässt; sie ist, um es mit einem anderen Bild zu sagen, der lebendige Eckstein, der
dein Leben trägt. Es ist diese Liebe, die die Welt
zu heilen vermag" (A1, 58).

Es ist jene universale Liebe, die allen gilt und konkret
wird, wenn „einer von allen" plötzlich vor mir steht.
Wer immer es sei.

„*WER* IST MEIN NÄCHSTER?" ODER:
WER ODER WAS IST FÜR UNS DER MENSCH?

Alle können meine „Nächsten" werden, denn Dorfnachbarn sind wir in einer globalisierten Welt, unserem „globalen Dorf". Für Jesus fällt da keiner heraus. Alle, das heißt wie gesagt immer auch: jede und jeder, mit denen ich zu tun habe oder zu tun bekomme. „In allen zuerst den Menschen zu sehen, das ist die Liebe, Sinn unsres Lebens", heißt es in einem bekannten Lied. Doch wer oder was ist für uns „der Mensch"?

Einige Beobachtungen vorab

Die Dinge sind nicht, wie sie sind, sondern wie sie geliebt sind." Hinter diesem markanten Wort von Klaus Hemmerle[13] steht die Einsicht, dass „die Welt", meine, unsere Welt nicht einfach nur eine objektive Gegebenheit ist. Nichts in ihr ist das. *Denn das Licht, das auf die Welt, auf Menschen und Dinge fällt, verändert sie.* Der Blick und der Blickwinkel, aus dem wir sie

---

13 Klaus Hemmerle (1929–1994), Religionsphilosoph und Bischof von Aachen, war u. a. geprägt von Bernhard Welte, Heinrich Rombach – und nicht zuletzt von der „Spiritualität der Einheit" von Chiara Lubich, die ihm ihrerseits wichtige Anregungen verdankt. Das Zitat findet sich in: Menschliches und manches mehr. Hundert Worte von Klaus Hemmerle, München 2018, Nr. 1.

betrachten, hat Konsequenzen. Die ganze Wirklichkeit, auch die physikalisch-kosmische Wirklichkeit, ist ein Beziehungsgeschehen in Raum und Zeit, und selbst Raum und Zeit sind miteinander verknüpft, wie wir seit Einstein wissen.

Wer ist mein Nächster? Was ist der Mensch? Wie sehe ich „den Menschen", die Menschen, mich selbst? So zu fragen ist keine philosophische Spekulation: Von unserer Sicht der Welt und des Menschen hängt mehr ab, als uns vielleicht bewusst ist.

Und die Fragen sind schärfer und bedeutsamer denn je. Am Menschenbild hängen grundlegende Entscheidungen: Weichenstellungen, Handlungen, Gesetze, Praktiken in Wirtschaft und Politik, in unseren Gesellschaften wie im Zusammenleben der Völker. Unser Verhalten und Umgang miteinander, im Kleinen wie im Großen.

Wer oder was ist der Mensch? Was ist er wert? Wer oder was steht auf unserer Agenda obenauf? Wirtschaftswachstum? Macht? Flüge zum Mars? Kriege zur Machterweiterung oder Existenzsicherung (das wäre vorbei, hatten wir irrtümlich gedacht)? Wohlstandswahrung? Sicherheit? Was ist uns persönlich und kollektiv wie viel wert? Die Rede ist von einem „Lockdown der Menschlichkeit in Europa" (so der Jurist und Publizist Heribert Prantl). Wo wird noch über Flüchtlinge so geredet, wie man selbst behandelt werden möchte, wenn man Flüchtling wäre? Ist etwa mit der Menschenwürde Schluss, sobald sich viele auf sie berufen? Was zählt der Mensch? Wer oder was *ist* der Mensch?

Und: Wie sehe, wie behandle *ich* den Menschen, die Menschen? Als Randerscheinungen auf meinem Weg, nur dann von Interesse, wenn sie sich unmittelbar in meinem Lebensraum befinden? Oder solange sie irgendwie dienlich sind, sonst aber übersehen und liegen gelassen wie der unter die Räuber Gefallene im Gleichnis?

Was ist der Mensch wert? Die jüdische Mutter, die immer noch um ihre entführte Tochter bangt. Das palästinensische Kind im Gazastreifen. Die alte Ukrainerin in Charkiv. Der russische Soldat, dem keine Wahl bleibt, als an die Front im überfallenen Nachbarland zu gehen. Der Flüchtling, der „die Zahl der Migranten weiter erhöht". Die muslimische Familie in meiner Straße, die mir so fremd ist ...

Unverkennbar leiden wir an Wahrnehmungsverzerrungen: Keineswegs wird, auch nicht in der Berichterstattung, der eine Mensch wie der andere wertgeschätzt, der eine Tote wie der andere betrauert. Wie viel Beachtung finden Abertausende Verkehrstote, die hierzulande über die Jahre sterben, weil wir kein Tempolimit haben? Wie viel jene, die – furchtbarerweise – hierzulande Opfer islamistischer Anschläge geworden sind (es ist ein winzigster Bruchteil der Ersteren, aber in jedem einzelnen Fall genauso schlimm)? Wie denken wir, wie reden wir über „den Menschen"? Wer zählt wie viel? Menschenwürde für alle? Papst Franziskus wie auch Chiara erinnern mit Jesus mit allem Nachdruck daran: Jeder Mensch zählt. Jede(r) Einzelne ist Gott unendlich kostbar.

* * *

Zu beobachten ist zudem eine merkwürdige, fast schizophrene Entwicklung in zwei Richtungen, überspitzt formuliert: zwischen Größenwahn und Selbstverzwergung, zwischen Allmachtsfantasien und lähmenden Ohnmachtsgefühlen. Wir greifen zu den Sternen und zum Mars, setzen auf Quantensprünge unserer Fähigkeiten und Möglichkeiten auch mithilfe von KI – und vergessen oder übersehen, dass wir für mehr gemacht sind als für eine ständig zu optimierende innerweltliche Existenz, die wir im Übrigen allem Fortschritt zum Trotz, ja teilweise wegen des „Fortschritts" irgendwie nicht recht hinbekommen: Kriege mit immer perfideren Waffen, Klimawandel, Epidemien … So koexistieren Euphorie und Ernüchterung und hängen vielleicht mehr zusammen, als uns bewusst ist. Wo wollen wir eigentlich hin? Haben wir den Willen und die Kraft und die Zeit, *den Menschen zu sehen*?

Auf dem Hintergrund solcher Beobachtungen zeigt sich umso deutlicher, wie bedeutsam das ist, was uns vom christlichen Glauben her über den Menschen gesagt ist. Dazu im Folgenden einige Reflexionen, wie sie sich bei Chiara Lubich und Papst Franziskus finden.

* * *

Chiara spricht mit der großen jüdisch-christlichen Tradition davon, dass wir es im Menschen mit Gott zu tun haben. Der Glaube sagt, dass *hinter* allem, im Ursprung außerhalb der Raumzeit der Schöpfergott steht, der alles geschaffen hat und erhält. Aus Liebe. *Die Dinge sind, weil sie geliebt sind.* Auch wir Menschen, und zwar, so die Heilige Schrift, in besonderer Weise. Niemals darf ein Mensch bloßes Objekt für irgendwelche Zwecke sein. Er ist Subjekt, einzigartige Person, ein Wesen-in-Beziehung mit unantastbarem Wert und Selbstwert. Im Letzten ist der Mensch „mehr als nur Mensch" (Klaus Hemmerle): Im Anderen berühren wir die Transzendenz. Im Menschen begegnet uns Gott. Der Mensch ist *Bild, Abbild Gottes*, so der biblische Schöpfungsbericht. Was wir den Geringsten seiner Brüder und Schwestern getan oder nicht getan haben, das haben wir, so Jesus im berühmten Abschnitt vom „Weltgericht", ihm selbst getan oder eben nicht getan (vgl. Matthäus 25). *„Jesus im anderen sehen"*, lautet ein davon hergeleitetes Motto von Chiara. Diesen Spuren ist weiter nachzugehen. Der Mensch ist „mehr", ist größer, als uns meistens bewusst ist. In all seinen Grenzen hat er für Gott selbst einen unvorstellbaren Wert.

> „Was ist der Mensch, dass du seiner gedenkst, des Menschen Kind, dass du dich seiner annimmst?" (Psalm 8,5, vgl. 144,3, Hiob 7,17, Hebr 2,6).

Heute haben wir mehr Grund denn je zu staunen, dass der große Gott „seinen Sinn auf den Menschen richtet" (Hiob 7,17). Längst wissen wir ja, dass unsere Erde nicht der Mittelpunkt des Universums ist, dass der Mensch und die Affen dieselben Ahnen haben und dass wir nicht *so* Herr über unsere Gefühle und Handlungen sind, wie lange gemeint. Kosmologie, Evolutionstheorie und Psychologie haben zu großen Kränkungen der „Krone der Schöpfung" geführt, und die sich in vielerlei Hinsicht anbahnende Überlegenheit der Künstlichen Intelligenz kommt noch hinzu. Wir haben Grund zur Bescheidenheit – und gerade deshalb umso mehr Grund zum Staunen, dass da „jemand" ist, der uns nah ist, der uns geschaffen hat mit einer enormen Berufung: mit ihm, dem Schöpfer selbst, in Beziehung zu sein, als sein Gegenüber, als sein „Du", wie Chiara formuliert. Wer den Sprung in diesen Glauben wagt, der merkt: Welt, Menschen und Dinge sehen plötzlich anders aus, sind eingetaucht in jenes Licht, das uns alles so sehen lässt, wie es im Tiefsten *ist*: von Gott geliebt. So sehr, dass Jesus, der „Sohn", für uns starb:

> „Die Größe des Menschen zeigt sich nicht zuletzt darin, dass der Sohn Gottes für ihn starb. Niemand hat jemals dem Menschen einen solchen Wert beigemessen" (Lubich, Ich liebe, 31).

„Gottes Ebenbild"

Für Chiara ist die höchste Würde des Menschen grundgelegt in seiner „Gottebenbildlichkeit", darin, dass er, wie sie es übersetzt, als „Gottes Du" geschaffen ist:

> „Gott schuf den Menschen als sein Abbild (vgl. Genesis 1,27): Der Mensch ist geschaffen als Gottes Du, er steht vor ihm als ein Gegenüber; er ist fähig zu einer persönlichen, unmittelbaren Beziehung zu Gott, einer Beziehung der Erkenntnis, der Liebe, der Freundschaft und Gemeinschaft" (Lubich, Zur Freiheit befreit, 17).

In den biblischen Schöpfungsberichten nimmt der Mensch („Adam") eine besondere Stellung unter den Mitgeschöpfen ein:

> „Lasst uns Menschen machen als unser Bild, uns ähnlich![14] Sie sollen walten über die Fische des Meeres, über die Vögel des Himmels, über das Vieh, über die ganze Erde und über alle Kriechtiere, die auf der Erde kriechen. Gott erschuf den Menschen als sein Bild, als Bild Gottes erschuf er ihn. Männlich und weiblich erschuf er sie" (Genesis 1,26f).

---

14 Bei dem Plural („uns", „unser") könnte es sich um einen Majestätsplural handeln oder um einen *Pluralis deliberationis* (d. h. Gott überlegt bei sich: „Jetzt wollen wir mal ..."); vielleicht ist auch der „himmlische Hofstaat" mitgemeint – oder es soll schlicht verhindert werden, Gott in der 1. Person Singular sprechen zu lassen.

Die Stelle zielte ursprünglich auf die Aufgabe des Menschen als Repräsentant, als Sachwalter Gottes in der Welt.[15] Seit der Renaissance bis in die Gegenwart wird mit der Gottebenbildlichkeit oft die Würde jedes Menschen theologisch begründet, wie sie dann in wichtigen Menschenrechtserklärungen als „unveräußerlich", als „unantastbar" festgehalten ist.

In einem Text vom 26. Oktober 1949, in einer Zeit mystischer Erfahrungen, nennt Chiara den Menschen „das Meisterwerk Gottes ‚im Werden'". Gott selbst habe am Menschen als seinem Ebenbild seine Freude, er liebe ihn „wie sich selbst".[16] In den sogenannten Abschiedsreden bittet Jesus den Vater, die Welt, die Menschen mögen erkennen, „dass du mich gesandt hast und sie *ebenso geliebt hast, wie du mich geliebt hast*" (Johannes 17,23).

---

15 Im späteren Buch der Weisheit (2,23) wird die Gottebenbildlichkeit dann in der Unvergänglichkeit des Menschen gesehen. Der Begriff ist im Laufe der Zeit sehr unterschiedlich gedeutet worden. Eine Frage etwa, die mit der Reformation verstärkt aufkam, ist die nach der Auswirkung des Sündenfalls: Hat die Gottebenbildlichkeit des Menschen bloß Schaden genommen oder wurde sie grundlegend „korrumpiert"? Auf solche Fragen und auf die diversen Interpretationen (bis hin zu trinitarischen Ausdeutungen) kann hier nicht eingegangen werden. Festgehalten sei lediglich, dass die Gottebenbildlichkeit im Christentum ein „Zentralbegriff in der Beschreibung der besonderen Würde des menschlichen Lebens" ist, wie es in der Gemeinsamen Erklärung „Gott ist ein Freund des Lebens" der EKD und der Deutschen Bischofskonferenz (1989) heißt.

16 Vgl. Vicinanza, 28. – Der Vater sieht den Menschen „im Sohn"; in dem und durch den alles geworden ist (vgl. Kol 1,17). Vgl. hierzu unten S. 73ff („Worte im Wort").

Schon früh kamen die ethischen Konsequenzen der „Gottebenbildlichkeit" in den Blick. Johannes von Antiochia (um 350–407), Patriarch von Konstantinopel, wegen seines Predigttalents *Chrysostomos* (Goldmund) genannt, schrieb: „Wenn du einen deiner Untergebenen quälst, ihn schlecht behandelst, ihn ausbeutest oder überwältigst, trittst du da nicht das Ebenbild Gottes mit Füßen?"

Wenn der Mensch so mit Gott, dem Schöpfer, verbunden ist, wenn Jesus, der Sohn, sich für uns hingegeben hat, wie könnten wir den Menschen nicht in den Mittelpunkt stellen – mit allem, was das beinhaltet? Wir haben es mit Gottes Ebenbild und somit mit Gott selbst zu tun, so Chiara:

> „Was wir dem Nächsten geben, das geben wir Gott! Schenken wir ein Lächeln, Verständnis und Barmherzigkeit! Setzen wir unsere Intelligenz ein, unsere Zeit, unsere Talente und Ideen! Seien wir großzügig und aktiv! Geben wir unsere Erfahrungen weiter! Lassen wir die anderen an unseren Gütern teilhaben! Nichts soll sich anhäufen, sondern alles zur Verfügung stehen. Unser Geben öffnet die Hände Gottes. Seine Vorsehung wird uns überreich beschenken, sodass wir wiederum vielen Menschen geben können, was sie brauchen" (Neue Stadt. 7+8/2002, 24f).

Krieg, so heißt es an einer Stelle bei Chiara aus der Nachkriegszeit (wie die Zeit nach dem Zweiten Welt-

krieg immer noch genannt wird ...), sei „Gottesmord".[17]
Aus einer gewissen Warte wird man es so drastisch
sagen können. Nun gibt es Situationen, in denen es
unmöglich ist, das Leben aller zugleich zu schützen.
Es gibt Abwägungen, Entscheidungen, die eigentlich
nicht getroffen werden können, Stichwort Tyrannen-
mord oder die so aktuelle Frage: Wie reagieren bei einem Angriffskrieg? Es gibt Situationen, die einen (zumal die Verantwortlichen), in eine letzte Einsamkeit
vor dem eigenen Gewissen, vor Gott stellen.

* * *

Wenn wir sagen, dass uns im Menschen etwas „Heiliges" begegnet, ja Gott selbst, ist das natürlich keine
einfache Gleichsetzung, keine Vergötzung des Menschen. Aber das Wissen um diesen höchsten Wert jeder einzelnen Person motiviert zu einem achtsameren
und großherzigen Verhalten anderen gegenüber – bis
hinein in vermeintlich kleine, alltägliche Zeichen. Gewiss, wir können nicht immer daran *denken*: Wir sollen ja wirklich beim anderen sein. Wichtig ist das tiefe
Wissen, dass jeder Mensch diese höchste Würde hat
und nie verlieren kann. Auch jemand, der völlig da-
niederliegt, auch jemand, der gänzlich dement ist, ist
und bleibt ein Mensch, der Achtung und Respekt verdient. In der Tradition Viktor E. Frankls spricht die
renommierte Psychotherapeutin Elisabeth Lukas vom

---

17 Das Chiara-Zitat (vom 26.10.1949; vgl. Vicinanza, 79) findet sich
    zuvor schon beim Publizisten und Politiker Igino Giordani in ei-
    ner Rede im italienischen Parlament (ebd., 27).

„transmorbiden Kern" jeder menschlichen Person: Keine Erkrankung kann diesen Kern tangieren. Eine immens wichtige Feststellung für Fragen, *welches* menschliche Leben lebens- und schützenswert sei – Fragen, die in einer effizienzorientierten und zunehmend überalterten Gesellschaft immer öfter aufkommen werden. Der ungeschmälerte Wert kranker und älterer Menschen muss neu gesehen werden.

> „Jeder Mensch besitzt diese Würde, auch wenn er wenig leistet, auch wenn er mit Einschränkungen geboren oder aufgewachsen ist; denn dies schmälert nicht seine immense Würde als Mensch, die nicht auf den Umständen, sondern auf dem Wert seines Seins beruht. Wenn dieses elementare Prinzip nicht gewahrt wird, gibt es keine Zukunft, weder für die Geschwisterlichkeit noch für das Überleben der Menschheit"
> (Franziskus, FT 107).

Eine Betrachtung von Chiara aus den 1950er-Jahren bringt den Wert eines jeden in poetischer Sprache zum Ausdruck: „Was ist wohl schöner in den Augen Gottes: ein Kind, in dessen unschuldigen Augen sich die Reinheit und Lebendigkeit der unverfälschten Natur spiegelt, ein junges Mädchen mit der Frische einer Knospe, die sich gerade öffnet, oder ein betagter Mensch, dessen Rücken gekrümmt ist, der kaum mehr etwas zu tun vermag und vielleicht nur noch auf den Tod wartet? ... – Schön ist das Weizenkorn, wenn es, zart wie junges Grün, mit anderen Körnern eine Ähre bildet ... Schön ist es aber auch als reifes Korn, wenn es unter vielen ausgelesen wird, um in die Erde eingesenkt zu werden und anderen Ähren das Leben, das es in sich birgt, weiterzugeben. Es ist schön, bestimmt für künftige Ernten ... Ob Gott die Dinge wohl so sieht? Die Runzeln auf der Stirn der alten Frau, ihr gebeugter, zittriger Gang, ihre wenigen Worte, aus denen Erfahrung und Weisheit sprechen, ihr sanfter Blick, der an die Augen eines Kindes und zugleich an die Augen einer erwachsenen Frau erinnert und doch beide an Güte übertrifft – das ist eine Schönheit, die wir oft nicht erkennen ... Ja ich denke, dass Gott die Dinge so sieht; die letzte Etappe, die uns dem Himmel nahebringt, ist weit anziehender als die vielen anderen auf dem langen Lebensweg. Im Grunde dient er ja nur dazu, diese Pforte zu öffnen" (A 1, 97-99).

Schützenswert und achtenswert ist das Leben bis zum Ende – von Anfang an. Auch das sogenannte „ungeborene Leben", wie immer es möglich ist. Es ist ein menschliches Leben, das im Werden ist und bis zum letzten Atemzug im Werden bleibt. Zugleich braucht es ein anderes Hören auf den lange, sehr lange stummen Schrei der Frauen, die die Last einer ungewollten Schwangerschaft allzuoft allein zu tragen hatten und haben. Auch hier sind alle einfachen Urteile fehl am Platz. Unterstützung, Einfühlung, Entkriminalisierung im Dienst am menschlichen Leben sind gefragt. Und eine große Achtsamkeit, *wie* wir denken, sprechen, handeln. Denn in der Liebe kommt es, wie Chiara oft betont hat, nicht zuletzt auf das „Wie" an.

Der Mensch: Weg zu Gott

Weil wir es in der Begegnung mit einem Menschen mit Gott zu tun haben, ist der Mensch ein Weg zu Gott; andersherum gesagt: Der Weg zu Gott führt über den Menschen. Nicht zuletzt in unserer Zeit, in der vielen Menschen Gott als lebendige Wirklichkeit entschwunden ist oder entschwindet: Im Lieben kann sich eine neue Gottesbeziehung auftun.

Der Mensch, so Johannes Paul II., ist der Weg der Kirche (Redemptor Hominis, 14): Im Menschen begegnen wir dem Herrn selbst; der andere hat gewissermaßen „sakramentalen Charakter". Chiara schreibt:

> „Gott hat uns einen Weg gezeigt, wie wir ohne Umwege zu ihm gelangen können. Er hat uns mitten in die Welt gestellt; wir sind von keinen schützenden Klostermauern umgeben. Wir haben ständig mit Menschen zu tun: in der Schule, zu Hause, bei der Arbeit. Doch gerade sie, unsere Brüder und Schwestern, können unsere ‚Mauern' sein, die uns helfen, Gott zu begegnen.
> Was bedeutet das für unsere Art, ihnen zu begegnen? Es geht darum, sie zu lieben, den ganzen Tag. Am Abend eines solchen Tages spüren wir oft die Einheit mit Gott ... Und wir begreifen: Nicht wir waren ihre ‚Wohltäter', sondern sie waren die unseren: Ihnen, der Liebe zu ihnen haben wir es zu verdanken, dass wir die

Einheit mit Gott erfahren haben … Dank unserer Mitmenschen können wir hinfinden zu Gott; sie werden zur Tür, durch die wir zu ihm gelangen" (Lubich, Sehnsucht, 208).

In eine ähnliche Richtung deuten Exegeten eine alte biblische Erzählung im Buch Genesis (Kap. 18). Sie ist ein eindrucksvolles Zeugnis der Gastfreundschaft, der gelebten Nähe Fremden gegenüber: Es ist heiß; Abraham sitzt bei den Eichen von Mamre am Eingang, seine Frau Sara ist im Zelt, als sich drei unbekannte Reisende nähern. Er bereitet ihnen einen herzlichen Empfang, offeriert ihnen Wasser und eine Stärkung; ja er lässt ein Kalb schlachten und zubereiten; Sara backt unterdessen Brotfladen. Für die beiden wird es eine Begegnung mit Gott: Er, der Herr, ist es, der Abraham „erschien", als die drei Männer kommen (18,1f), im Gespräch mit ihnen spricht er mit ihm.

„Es gibt einen Weg, der sicher und schnurstracks zum Ziel führt, zu Gott: der Weg zum Bruder, zur Schwester, die Liebe zu den Menschen" (Lubich, Sehnsucht, 358).

„Menschen, die sich um ein bewusstes Leben als Christen bemühen, sprechen oftmals von einem tief empfundenen inneren Frieden, den sie fast mit Händen zu greifen meinen; von einer Beständigkeit dieses Friedens, der alles umgreift … Der innere Frieden ist ein Kennzeichen der Ein-

heit mit Gott. Der Weg dahin führt über die Liebe zum Nächsten, in dem uns Christus begegnet. Zugleich gilt aber umgekehrt: Die Einheit
mit Gott in uns ist die Wurzel, aus der als Blüte
die Liebe zu den Mitmenschen hervorgeht" (Lubich, Santità, 23f).

Im Menschen „begegnen wir Jesus selbst, und in Jesus
begegnen wir Gott", so Benedikt XVI. (Deus caritas est,
15). Es tut sich „das Tor zur Weite Gottes" und zur
„universalen Liebe hin" auf, so Madeleine Delbrêl
(1904–1964), die „Mystikerin der Straße", in vieler Hinsicht eine Geistesverwandte von Chiara: „Man findet
die Weite Gottes, indem man die direkte, unaufhörli-
che ‚Klausur' der Liebe zum nächsten Mitmenschen
annimmt. Jedem Menschen, dem man begegnet, die
ganze Fülle der Liebe zu schenken; sich von dieser un-
aufhörlichen und zerreißenden Abhängigkeit anketten
zu lassen; die Bergpredigt so zu leben, als sei sie ganz
natürlich: das ist das Tor zur Weite Gottes, das Tor, das
sich geradewegs auf die universale Liebe hin öffnet."[18]

Jesus im Nächsten

Im Nächsten begegnet uns Jesus: Er betrachtet alles
als „ihm getan", was aus Liebe einem Menschen getan wird. Daran knüpft Chiara an, wenn sie rät, „im

18 Madeleine Delbrêl, Deine Augen in unseren Augen. Ein Lesebuch.
Hg. von Annette Schleinzer, München 2022, 77.

Nächsten Jesus zu sehen". In der zugrundeliegenden Rede Jesu vom „Weltgericht" (Matthäus 25,31-46) heißt es:

„Wenn der Menschensohn in seiner Herrlichkeit kommt und alle Engel mit ihm, dann wird er sich auf den Thron seiner Herrlichkeit setzen. Und alle Völker werden vor ihm versammelt werden und er wird sie voneinander scheiden, wie der Hirt die Schafe von den Böcken scheidet. Er wird die Schafe zu seiner Rechten stellen, die Böcke aber zur Linken. Dann wird der König denen zu seiner Rechten sagen: Kommt her, die ihr von meinem Vater gesegnet seid, empfangt das Reich als Erbe, das seit der Erschaffung der Welt für euch bestimmt ist! *Denn ich war hungrig und ihr habt mir zu essen gegeben; ich war durstig und ihr habt mir zu trinken gegeben; ich war fremd und ihr habt mich aufgenommen; ich war nackt und ihr habt mir Kleidung gegeben; ich war krank und ihr habt mich besucht; ich war im Gefängnis und ihr seid zu mir gekommen.*
Dann werden ihm die Gerechten antworten und sagen: Herr, wann haben wir dich hungrig gesehen und dir zu essen gegeben oder durstig und dir zu trinken gegeben? ... Darauf wird der König ihnen antworten:
Amen, ich sage euch: Was ihr für einen meiner geringsten Brüder getan habt, das habt ihr mir getan ...
[Und zu den anderen wird er sagen:] *Amen, ich*

sage euch: Was ihr für einen dieser Geringsten nicht getan habt, das habt ihr auch mir nicht getan."

Bereits in einem ihrer frühen Briefe an Jugendliche des Dritten Ordens der Franziskaner in Trient, wahrscheinlich aus dem Jahr 1944, schrieb Chiara:

> „Schauen wir uns um: Wir sind alle Schwestern und Brüder: Niemand ist ausgeschlossen! Unter den besonderen Merkmalen eines jeden erkennen wir Christus, der in uns wachsen muss: Christus, den Gekreuzigten, den so Heruntergekommenen, in der armseligen menschlichen und sündigen Gestalt. Aber habt Vertrauen: Er hat die Welt überwunden! Lasst uns einander kennenlernen, wie Gott uns kennt ..." (Lettere dei primi tempi, 40-42).

Bei einer Veranstaltung mit Mitgliedern der Fokolar-Bewegung in Lublin/Polen sagte Chiara, Jesus im anderen sehen heiße, den anderen „als einen von Gott unendlich geliebten Menschen zu sehen, einen von Gott ,Empfohlenen', und ihn wie eine erlauchte Persönlichkeit zu behandeln". Jeder Mensch kommt sozusagen mit einem göttlichen Empfehlungsschreiben. Folglich gelte es, achtsam in der Begegnung zu sein, respektvoll im Umgang, zu hören und nicht gleich selbst das Wort zu ergreifen.[19]

---

19 Lublin, 22.6.1996, zit. in: Vicinanza, 132.

Christus als „Bild des unsichtbaren Gottes"

Im Menschen begegnen wir Jesus, und in Jesus begegnen wir Gott; denn Jesus Christus ist seinerseits *eikon tou theou*, Bild Gottes, wie es in einem urchristlichen Hymnus heißt: „Er ist Bild des unsichtbaren Gottes, der Erstgeborene der ganzen Schöpfung" (Kolosser 1,15). In der Lutherübersetzung steht statt „Bild" „Ebenbild", was direkt auf die Schöpfungsgeschichte verweist. Jesus, der Christus, ist der Mensch, so wie Gott ihn gedacht hat, der Mensch in Vollendung, Gottes ungetrübtes Bild. Im Hymnus schließt sich eine großartige kosmische Schau an, in der von Christus, dem menschgewordenen Wort (Johannes 1), gesagt wird:

> „Denn in ihm wurde alles erschaffen / im Himmel und auf Erden, / das Sichtbare und das Unsichtbare, / Throne und Herrschaften, Mächte und Gewalten; / alles ist durch ihn und auf ihn hin erschaffen. / Er ist vor aller Schöpfung / und in ihm hat alles Bestand" (Kolosser 1,16f).

Ihm begegnen wir in jedem Menschen: ihm, *in dem und durch* den alles geschaffen ist; ihm, *auf den hin* alles geschaffen ist. Von hier erschließt sich nochmals tiefer, was das heißt: „Jesus im anderen sehen". Es ist eben nicht so, dass ich wie in einer Überblendung den Nächsten und dann „auch noch" Christus in ihm sehen müsste. Nein, es ist keine Doppelbelichtung. Nicht das ist gemeint, wenn Jesus sagt: „... das habt ihr mir getan", „... das habt ihr mir nicht getan". Diejenigen, die es ihm getan oder nicht getan haben, wissen es nicht einmal: „Herr, wann haben wir ...?" Sie haben nicht bewusst etwas für Jesus getan. Sie sind überrascht. Auch bei Chiara selbst klingt Überraschung durch, wenn sie schreibt, es gehe einfach darum zu lieben – und dann stelle sich ganz unerwartet am Abend oft die Erfahrung einer tiefen Einheit mit Gott, einer innigen Verbindung mit Jesus ein: Was wir einem Menschen getan oder nicht getan haben, das haben wir *per se* Jesus getan oder nicht getan.

Alte volkstümliche christliche Legenden spiegeln übrigens eine ähnliche Erfahrung: Man denke etwa an den hl. Martin, der seinen Mantel mit einem Bettler teilt; in der Nacht erscheint ihm Christus – bekleidet mit der Mantelhälfte. Oder an die Legende des Christophorus, der ein Kind über einen Fluss trägt; das Kind wird ihm immer schwerer, und am Ufer gibt es sich zu erkennen: Es ist der, „der die Welt erschaffen hat. Denn wisse, ich bin Christus, dein König, dem du mit dieser Arbeit dienst". Taten der Liebe sind eine in aller Regel unbewusste Begegnung mit Christus, der sie – in der Nacht, am anderen Ufer, im Nachhinein also! – als „ihm getan" erschließt.

„Worte im Wort": unser tiefstes Sein und unsere Berufung

Christus in den anderen sehen, das meint also nicht etwas „anderes", als die Nächsten zu sehen. Es bedeutet, sie zu sehen in ihrer tiefen Wirklichkeit, ihrer innigsten Verbundenheit mit Christus, „in dem" alles geschaffen wurde: Wir sind „Worte im Wort", im *Logos*, im Sohn Gottes, wie Chiara in jener Zeit mystischer Erfahrungen formuliert. In Gott selbst liegt unser Ursprung: Der Vater „zeugt", „sagt" den Sohn als sein ewiges Wort. In ihm aber sind wir, ist die ganze Schöpfung „mitgedacht", „mitgesagt". Worte in *dem* Wort, in ihm, dem Logos des Vaters, das besagt innigste, tiefste Verbundenheit im Ursprung – auf jeweils eigene, unverwechselbare Weise. Keines dieser „Worte" gleicht dem anderen; es ist nicht Uniformität, sondern Einheit in größter Vielfalt, wie Gott selbst eins und dreifaltig ist.

Gott, so Chiara, ist uns somit „innerlicher als wir uns selbst", und wir „sind ihm innerlicher als er sich selbst".[20] Jeder Mensch, so der orthodoxe Theologe Pawel Evdokimov, ist im Tiefsten „auch Ikone Christi"[21]. In der Begegnung mit jedem einzelnen Menschen (als eben *diesem* einzigartigen Menschen) begegnen wir somit immer ihm, dem Sohn, dem Logos, *dem* Wort des Vaters. In ihm sind wir geschaffen, erlöst und berufen zur Fülle des Lebens im dreifaltigen Gott. Der Logos ist Mensch geworden, *sarx*, wörtlich: „Fleisch" (Johannes 1). Er hat den Weg nach unten angetreten (Philipper 2), ist einer von uns geworden und hat sich so „gewissermaßen mit jedem Menschen vereinigt" (vgl. Zweites Vatikanisches Konzil, GS 22), um uns die Fülle des Lebens zu schenken.

„Christus im Menschen", Christus in jedem Menschen, das ist eine ursprüngliche Gegebenheit

---

20 26.10.1949, zit. in: Vicinanza, 33.
21 P. Evdokimov, Le età della vita spirituale, Bologna 1981, 218.

und Berufung zugleich: Die höchste Berufung des Menschen ist es, „vergöttlicht zu werden", wie es in der Tradition der Kirchenväter heißt, mehr und mehr und auf je einmalige, unverwechselbare Weise zu einer Ikone Christi zu werden.[22] Er selbst, *das* Wort des Vaters, will in uns, in allen Gestalt annehmen. Mit Chiaras Worten:

> „In allen Menschen, die uns täglich begegnen [und auch in uns selbst, können wir ergänzen], will Christus geboren werden, wachsen, leben und auferstehen" (Lubich, A1, 116).

„Christus im Menschen" ist also nicht einfach statisch zu sehen. Es geht, paradox gesagt, darum, *zu werden, was wir sind.* Wir sind „berufen zu wachsen": „Man muss die Illusionen beiseite lassen und den ... Menschen so annehmen, wie er ist: unvollendet, berufen zu wachsen, in der Entwicklung" (Papst Franziskus, Amoris laetitia, 218). Mehr und mehr christusförmig sollen wir werden, hineinwachsen in unser Tiefstes und Eigentliches: „Worte im Wort", Ikone Christi, der menschgewordenen Liebe Gottes.

---

22 Eine so verstandene „Vergöttlichung" ist eben keine Auflösung, kein Auslöschen des Menschen (Hans Küng stellte einmal die Frage, welcher vernünftige Mensch denn heute noch Gott sein wolle?). Es meint vielmehr volles, vollendetes Menschsein in personaler Einzigartigkeit „nach dem Bild Jesu Christi", des menschgewordenen Sohnes. – Wenn die katholische Kirche von der „Aufnahme Marias in den Himmel mit Leib und Seele" spricht, so zielt dies darauf hin, dass der Mensch als Mensch eben nicht „verloren geht", sondern als Ganzer vollendet wird.

> „Wenn wir uns auf das Evangelium einlassen –
> und das ist wunderschön, ein wahres Abenteu-
> er! –, befinden wir uns unversehens ganz oben,
> wie auf einem Berggrat: Wir sind schon in Gott.
> Wenn wir uns dann umschauen, sehen wir frei-
> lich, dass es kein Gipfel ist, sondern eine ganze
> Bergkette. Das Leben ist für uns eine Gratwan-
> derung hin zum Ziel" (Lubich, A1, 158f).

Ein Weg ist es, ein dynamischer Prozess, ein Werden,
das freilich nichts davon wegnimmt, dass Christus
sich ganz mit uns identifiziert hat. Er hat uns angenommen auch in unseren Unvollkommenheiten, in all
unserer Bedürftigkeit und Schwachheit, bis in die Verlassenheit hinein. Er ist für uns „zur Sünde" geworden, schreibt Paulus (2 Korinther 5,2). Im Menschen, auch
in uns selbst, begegnen wir immer auch dem „Verlassenen Jesus" – doch immer ist es der eine und selbe
Jesus, so Chiara. Jesus im Menschen sehen, das ist also
keineswegs ein Blick durch eine rosarote Brille, es ist
keine Idealisierung, keine Beschönigung. Es ist ein Sehen des anderen, so wie er ist: in seinem bedingungslosen Angenommen- und Geliebtsein – so wie er ist,
auch wenn er noch so viel Weg vor sich hat:

> „Der Mensch ist ein Geschöpf, das von Jesus ge-
> liebt wird; in ihm muss Jesus, der immer – wenn
> auch in unterschiedlicher Weise – in ihm gegen-
> wärtig ist, Gestalt annehmen" (Lubich, Im Men-
> schen Christus erkennen, 9).

„So vielen Menschen wir von früh bis spät begegnen – in allen wollen wir Jesus sehen. Wenn
wir alles mit einfachen Augen betrachten, ist
Gott es, der durch unsere Augen schaut: Gott,
die Liebe … Gott ist in der Seele jedes Menschen,
der in der Gnade lebt; und wenn seine Seele ,tot'
ist, ist sie wie ein leerer Tabernakel, der darauf
wartet, dass Gott in ihm Wohnung nimmt …
Schauen wir darum auf jeden Menschen in Liebe; und lieben heißt schenken" (Lubich, A1, 146).

Wir sind in Christus, er ist in uns – auch dergestalt,
dass er mit uns und in uns leidet. Wer den Nächsten
liebt, liebt somit *immer* auch Christus. Wenn die Liebe
nicht handfest und konkret Liebe für diesen Menschen ist, erreicht sie auch Christus nicht. Noch deutlicher gesagt: Nur wer einen Menschen wirklich und
um seiner selbst willen (!) liebt, der liebt Christus, ob
er selber darum weiß oder nicht. Das ist keine mystische Verklärung, sondern Realismus des Glaubens,
der niemals an der menschlichen Realität vorbeigeht.

Gott ist in Jesus ein wirklicher Mensch geworden:
einer, der feiern konnte; der Liebe annehmen konnte;
einer, der wusste, dass manchmal Zeiten der Ruhe angesagt sind – und der sich dann doch stören ließ; einer,
der einen Blick hatte für die Schönheit der Natur, einer
Lilie, an die keine königliche Pracht heranreicht; einer,
der Unrecht und Leid erfahren hat; einer, der unser
menschliches Leben gelebt und geteilt hat – ein volles

und erfülltes Leben. Jesus in uns, Jesus im anderen, das nimmt nichts vom Menschlichen, das rückt das ganz Menschliche nicht in den Hintergrund. Schönheit und Leichtigkeit, Freude und Staunen, Angst und Schmerz, Lieben und Geliebtwerden ... – alles gehört dazu, bei jedem anders. Wenn Chiara schreibt: Christus will mehr und mehr Gestalt annehmen – in mir, in jedem Menschen, der mir begegnet, dann ist alles mit drin: immer volleres menschliches Leben – und Gott ist dabei, geht mit. Dem *Mensch* gewordenen Wort begegnen wir im konkreten Menschen in seiner Einzigartigkeit und in allen Lebensvollzügen.

Zu Recht wolle jeder Mensch „als er selbst geliebt sein", stellt Klaus Hemmerle fest: „Er will sich nicht zur Maske Jesu degradieren lassen. Er fürchtet, das Mehr an Liebe, das er um Jesu willen empfängt, gehe gerade an ihm vorbei ... Wer so liebt, dass er den anderen auslässt, indem er Jesus im andern liebt, der hat indessen auch Jesus ausgelassen. Und wer Jesus im Menschen so versteht, dass der Mensch dadurch weniger er selbst würde, der hat Jesus im Nächsten gerade nicht verstanden ... Jesus macht sich mit mir eins, das heißt: Er lässt mich nicht allein, er steht radikal zu mir, nimmt mich an, wie ich bin, und was mich trifft, das trifft ihn. Ich bleibe, ja ich werde so ganz ich selbst; denn ich bleibe nicht allein ... – Im Grunde weiß ich vom Nächsten, von ihm selbst, in der Tat nichts. In jedem meiner Urteile kann ich mich täuschen ... Aber eines wissen wir: Er ist von Gott geliebt, Gott hat seinen Sohn für ihn dahingegeben, Jesus hat sich mit ihm bis in den Tod einsgemacht, Jesus begegnet mir in ihm" (Hemmerle, Geliebte seiner Liebe, 17ff).
Dietrich Bonhoeffer macht darauf aufmerksam, dass gerade da, wo Christus ins Spiel kommt, sich jede Form der Bemächtigung des anderen verbietet: „Weil Christus zwischen mir

und dem Anderen steht, darum darf ich nicht nach unmittelbarer Gemeinschaft mit ihm verlangen … Das bedeutet aber, dass ich den Anderen freigeben muss von allen Versuchen, ihn mit meiner Liebe zu bestimmen, zu zwingen, zu beherrschen. In seiner Freiheit von mir will der Andere geliebt sein als der, der er ist, nämlich als der, für den Christus Mensch wurde, starb und auferstand" (Dietrich Bonhoeffer, Gemeinsames Leben, Werke, Bd. 5, 31).

Eine grundlegende Gleichheit

Christus im Menschen, in jedem Menschen, das macht uns umso mehr die grundlegende Gleichheit und Würde *aller* bewusst: eine Gleichheit, die Gemeinschaft auf Augenhöhe bedeutet, eine Gleichheit, die nicht Nivellierung auf niedrigem Level ist, sondern die um die Größe, die Einzigartigkeit und höchste Würde eines jeden weiß.

Dies verändert all unsere gewohnten Maßstäbe, es nimmt jeden Dünkel, wenn wir etwas zu geben haben. Und es befreit andererseits von dem erniedrigenden Gefühl, weniger wert zu sein, wenn wir unsere Bedürftigkeit spüren und auf andere angewiesen sind: Wir dürfen schwach sein! *Alles* kann zum Anstoß werden, füreinander da zu sein. Das Geben wie das Empfangen tragen dazu bei, dass Gemeinschaft wächst, eine lebendige Einheit, in der jede(r) Einzelne zählt:

„Wenn wir jemandem aus Liebe einen Dienst erweisen, sollten wir nicht meinen, wir hätten etwas Besonderes getan. Es ist eigentlich selbstver-

ständlich ... Und wenn wir selber einmal auf
Hilfe angewiesen sind, sollten wir uns nicht ge-
demütigt fühlen. Beim Jüngsten Gericht wird Jesus sagen: ‚Ich war krank, und du hast mich besucht ... Ich war gefangen, war nackt, war
hungrig ...' (vgl. Matthäus 25,35f). Seien wir uns also
auch in einer solchen Lage unserer Würde bewusst, und danken wir aus ganzem Herzen denen, die uns beistehen. Doch unser tiefster Dank
soll Gott und Christus vorbehalten sein: Gott, der
den Menschen ein Herz gegeben hat, das lieben
kann; Christus, der durch seine Hingabe am
Kreuz die Frohe Botschaft und vor allem ‚sein'
Gebot besiegelt und so zahllose Menschen bewegt hat, füreinander da zu sein" (Lubich, A1, 42f).

Der Wert des Alltäglichen

Jesus im Nächsten ... – das zeigt uns, welchen Wert
auch das ganz Alltägliche hat: „All unser Tun, das
auf einen ‚Nächsten' gerichtet ist, ist an Christus gerichtet und hat ewigen Wert", schreibt Chiara (Lubich,
PdV, 305ff). Eine wunderbare Perspektive in einer Zeit,
in der wir auf alle mögliche Weise etwas „ganz Besonderes" sein, haben und erleben wollen. Etwas Besonderes, etwas von ewigem Wert ist *all das, was Ausdruck
von Liebe ist.*

„Auch die Arbeit hat einen hohen Stellenwert.
Deshalb gehört es dazu, sie so gut wie möglich

zu tun … – aus Liebe zu den Menschen, in deren Dienst wir arbeiten; denn in ihnen dienen wir Christus. *Seien wir uns bewusst, dass wir auf irgendeine Weise immer für Christus arbeiten, der in den Mitmenschen lebt:* Es ist also sozusagen er, der vielleicht dringend auf einen Bescheid wartet, den die langsam arbeitende Bürokratie nicht weiterleitet; er, der auf Brot wartet, das aus dem Getreide, das wir gesät und geerntet haben, gebacken wird; er ist es, der … auf die Kleidung oder die Nahrung wartet, die er braucht" (Lubich, In cammino, 37).

Wie wichtig das scheinbar Banale ist, wenn bzw. weil Jesus ins Spiel kommt, das hat in der Volksfrömmigkeit originelle Bräuche hervorgebracht. Und doch ist es mehr als ein Kuriosum, wenn in Aachen die „Windeln Jesu" verehrt werden: Das Wort ist wirklich Mensch geworden, das Heilige ist nicht nur „oben".

Berührtwerden vom Heiligen

Größer als wir zu denken vermögen ist der Mensch, ist jeder Nächste! Es ist ein Geheimnis, ein göttliches Geheimnis um ihn.

Für Christen wie für unsere jüdischen Brüder und Schwestern, auch für unsere „muslimischen Verwandten", allesamt „Kinder Abrahams", ist der Mensch etwas Heiliges, „erdacht" vom Schöpfer, geschaffen für ein Leben in Fülle. Nicht zuletzt jüdische Philosophen haben herausgearbeitet, dass die Begegnung mit dem Menschen eine Begegnung mit der Transzendenz ist.

Martin Buber wurde schon zitiert: Sein Gespür für das unverfügbare Heilige, das mir im Du begegnet, kann helfen, eine tiefere Ahnung vom Wert jedes Menschen und einen tiefen, heiligen Respekt vor ihm zu bekommen.

Im Werk des jüdischen Philosophen Emmanuel Lévinas (1906–1995) steht „der Andere" so sehr im Mittelpunkt, dass er zum Ansatz- und Ausgangspunkt seiner ganzen Philosophie wird.[23] In der Begegnung mit dem Anderen (immer groß geschrieben), mit dem Anderen in seiner Einzigkeit, besonders in seinem Leiden, bin ich „angesprochen" und in die Pflicht genommen: „Du darfst mich nicht töten, auch wenn du es könntest! Du darfst mich nicht allein lassen!"

Der Andere, *zumal in seinem Leiden, in seiner Bedürftigkeit* – dieses Motiv findet sich auch in Jesu Rede vom Weltgericht: „Was ihr für einen meiner *geringsten* Brüder [und Schwestern] getan habt …". Chiara spricht von der „Vorliebe für Jesus den Verlassenen" (darauf ist zurückzukommen). Wir finden Gott hier unten im Menschen, *ganz unten*: in seinem Leiden. Der Andere ruft uns zu: Du darfst mich nicht allein lassen! Nähe zu leben ist heilige Pflicht; denn im Nächsten, in der Nächstenliebe, so Lévinas, ist Gott „real präsent": „Die echte Eucharistie [!] ist in diesem Moment, wo der Andere mir begegnet; dort ist wirk-

---

23 Nicht mehr die Ontologie, die Lehre vom Sein, sondern die Ethik ist für ihn die „Erste Philosophie". Lévinas sei den Weg vom Sein zum Anderen gegangen, wurde über ihn gesagt.

lich ... die Persönlichkeit des Göttlichen selbst."[24] Im Antlitz des Anderen „öffnet sich ein neuer Zugang zur Transzendenz".[25] Mit Edith Stein gesprochen: „Wir werden in der absoluten Beziehung zu einem anderen Menschen von seinem personalen Seinsbestande berührt wie von der Hand Gottes."

Es ist ein Berührt-*Werden*, ein Angesprochen-*Sein*: Da passiert etwas mit einem. Es ist weniger ein „Lieben-Wollen" als ein Angerührt-Werden, ein spontanes Mit-Leid und Gefordert-Sein. In den Evangelien ist öfter davon die Rede, wie Jesus bis ins Mark, bis in die „Eingeweide", wie es wörtlich heißt, ergriffen war angesichts einer Not. In bestimmten Momenten können wir Ähnliches erleben. Chiara erzählte einmal, dass es ihr „größten Eindruck" gemacht habe, wie sie „eine unendliche Liebe für die Leidenden, für die Armen, für die Gefangenen, für die Drogenabhängigen, für alle Menschen am Rand *überkam*" – im Wissen, dass es Jesus selber ist; er habe uns ja überdeutlich zu verstehen gegeben, dass wir beim Schlussexamen gefragt werden, ob wir ihm in den Leidenden beigestanden hätten.[26] Inwieweit sind wir (noch) berührbar? Nicht abstumpfen, das ist so wichtig in einer Zeit, in der die

---

24 Zit. nach: Gotthard Fuchs/Hans Hermann Henrix (Hg.), Zeitgewinn, Frankfurt a. M. 1987, 164.
25 Bernhard Casper, in: „Andere, der", LThK Bd. 6, [3]2001, Sp. 619. Vgl. Emmanuel Levinas, Die Spur des Anderen, Frankfurt a. Main [2]1987.
26 Loppiano, 17.5.1978, zit. in: Vicinanza, 143.

Gleichgültigkeit zuzunehmen scheint, aus welchen Gründen auch immer, oft wohl auch aus Überforderung und Ermüdung.

Deutlich wurde: Ob und wie wir einander zu Nächsten werden, das hängt mit unserer Sicht des anderen zusammen. Sehen wir in ihm *den Menschen*? Einen Menschen mit einem unveräußerlichen Wert? Etwas Heiliges? Das alles ist nichts Abgehobenes. Es *„geschieht"* in der alltäglich und konkret gelebten Nähe. In einer ihrer vielleicht schönsten Betrachtungen schreibt Chiara:

> „Darin besteht die große Sehnsucht unserer Zeit: eindringen in die höchste Kontemplation und mit allen Menschen verbunden bleiben, Mensch unter Menschen.
>
> Ich würde noch mehr sagen: eintauchen in die Menge und ihr das göttliche Leben schenken, wie der Wein ein Stück Brot tränkt. Eindringen in die Pläne Gottes für die Menschheit, inmitten der Menge sein Licht verbreiten und zugleich mit dem Nächsten seine Mühsal, den Hunger, die Schicksalsschläge und die kleinen Freuden teilen. Denn wie alle Zeiten sehnt sich auch unsere Epoche nach dem Menschlichsten und Göttlichsten, was man sich denken kann: nach Jesus und Maria – das Wort Gottes, Sohn eines Zimmermanns; der Sitz der Weisheit, eine Hausfrau" (Lubich, A1, 9).

II
Nähe leben – aber wie?

Wer ist mein Nächster? Wer, was ist der Mensch? Diese Fragen, so zeigte sich, drängen hinein ins Tun: Es geht darum, den anderen, einander zu Nächsten zu *werden*. Der Mensch als Gottes Du, Jesus im Nächsten – das ist ein Anstoß, entsprechend zu *leben*. Gott selbst ist Liebe, dreifaltige Liebe, Liebe in sich, Liebe „über sich hinaus": zur Schöpfung, zum Menschen. Da ist Bewegung drin: Alles ist Dynamik, Beziehung, *lebendige* Beziehung. Maß nehmen an Gottes Stil heißt über sich hinausgehen, Nächste *werden*, Nähe *leben*, eine Nähe, die Beziehung schafft.

Nähe leben – aber wie? Vieles klang schon an, die Geschichte vom barmherzigen Samariter ist, wie Franziskus aufzeigt, voller Fingerzeige. Und Chiara hat unübersehbar viel dazu zu sagen. Es lohnt, sich nochmals etwas systematischer zu vergegenwärtigen, wie viele Gesichter gelebte Nähe hat – auch ganz buchstäblich …

Ganz konkret: den Einzelnen sehen

Jesus hat keine Vorträge über Gottes Nähe gehalten. Er hat sie gelebt, hat davon erzählt in Geschichten konkret gelebter Nähe. Denn, so Chiara:

> *„L'amore non è completo se non è concreto!* –
> Wenn die Liebe nicht konkret ist, fehlt ihr etwas!" (W, 35).

„Werdet ... Täter des Wortes und nicht nur Hörer, sonst betrügt ihr euch selbst!", mahnt der Jakobusbrief (1,22). „Wer aber die Wahrheit tut, kommt zum Licht" (Johannes 3,21), sagt Jesus. Nicht „Bedenker" des Wortes, der Nöte, der Fragen sollen wir sein, schon gar nicht Bedenkenträger, sondern Menschen, die lieben – „in Tat und Wahrheit" (1 Johannes 3,18).

„Die Liebe darf nicht nur aus Worten bestehen. Lieben bedeutet, Freuden und Schmerzen miteinander zu teilen: ,sich einsmachen' mit allen, mit jedem, ganz konkret" (Chiara im Dom zu Münster, 15.11.1998).

„Angesichts der Probleme in vielen Ländern der Welt – unzählige Menschen ohne Obdach und Arbeit, ohne ausreichende Nahrung und Kleidung ... – ist eines klar: Menschen in einer solchen Lage kann man nicht sagen, dass sie nach Bildung streben oder sich dem Gebet widmen sollten. Zuerst muss man dafür sorgen, dass sie aus ihrem Elend befreit werden. Dann kann man auch an die übrigen Dinge denken, die zum Leben des Menschen gehören …" (Lubich, Santità di popolo 74).

Chiara hat das nie vergessen, auch wenn sie oft den Schwerpunkt auf das „Wie" unserer Liebe gelegt hat. Es geht immer auch um das „Was": Wer Hunger hat, braucht Brot. Liebe sieht den anderen in dem, was er braucht, und lässt sich „in Dienst nehmen", so Papst Franziskus:

„Der Dienst schaut immer auf das Gesicht des Mitmenschen, berührt seinen Leib, spürt seine Nähe und in manchen Fällen sogar das ‚Kranke' und sucht, ihn zu fördern. Darum ist der Dienst niemals ideologisch, denn man dient nicht Ideen, sondern man dient Menschen" (FT 115).

Was es heißt, „das Gesicht" des anderen zu sehen, das hat Martin Buber prägnant formuliert: Es bedeute, bei den Menschen zu sein, nicht „der Menge fernzubleiben", sondern sie „umzusetzen in Einzelne", die Person zu sehen (vgl. Das dialogische Prinzip, 238). Schöner und anschaulicher, als es alle theoretischen Abhandlungen vermögen, zeigt er dies anhand einer Begebenheit: „Ein junger Lehrer betritt zum ersten Mal selbständig … eine Schulklasse. Sie liegt vor seinem Blick wie ein Bild der Menschenwelt, so vielfältig, so widerspruchsvoll und so unzulänglich … Aber da trifft sein Blick auf ein Gesicht, das ihm auffällt, es ist weder schön noch besonders intelligent, aber es ist ein wirkliches Gesicht … Und er, der junge Lehrer, redet das Gesicht an … die Antwort, die er bekommt, ist nicht die übliche Schülerantwort, sondern der Junge erzählt ... Dabei hat sich sein Gesicht verändert; es ist gar nicht mehr so chaotisch wie vorher. Und die Klasse ist still geworden. Alle hören zu. Auch die Klasse ist nun kein Chaos mehr. Etwas ist geschehen" (Martin Buber, Reden über Erziehung, Gerlingen [8]1995, 81f). Es hat sich eine Atmosphäre des Friedens über die Klasse gebreitet, es ist still geworden, da ist ein Resonanzraum, in dem alle hören, was der Junge sagt. Weil einer angefangen hat, „ein Gesicht zu sehen", einen Einzelnen wahrzunehmen, ernst zu nehmen, anzusprechen mit offenem Ohr und offenem Herzen.

Ganzheitlich: Dimensionen gelebter Nähe

Kaiser Friedrich II. soll im 13. Jahrhundert versucht haben herauszufinden, welche Sprache völlig isolierte Säuglinge sprechen. Grausam habe das Experiment geendet, so der Geschichtsschreiber Salimbene von Parma: Die Kinder starben samt und sonders, „denn sie konnten nicht leben ohne das Händeklatschen und Winken, das fröhliche Lächeln und die Koseworte ihrer Ammen und Nährerinnen". Wir leben buchstäblich von Nähe. Wo menschliche Nähe fehlt, kann menschliches Leben nicht gedeihen, von allem Anfang an nicht. Wir brauchen Nähe, unser Leben lang. Ein Kind braucht die physische Nähe der Mutter, des Vaters, es braucht Wärme, den Körperkontakt, die zärtliche Berührung. Wie gut tut eine herzliche Umarmung, auch eine innige, wenn es angebracht ist, wie wunderbar ist die Nähe eines geliebten Menschen ..., wie wichtig kann eine zärtliche Geste sein, das Halten der Hand – vor allem in schwierigen Momenten, bei einer Krankheit oder einem Unfall, bis hinein in die letzten Atemzüge eines Menschen. Immer geht es darum, dem anderen so nahe zu sein, wie es für ihn und für einen selbst „stimmt", wie es gut ist, wie es angemessen ist. Da ist jede(r) immer aufs Neue angefragt. Dabei kann Nähe ganz verschiedene Formen und Dimensionen annehmen: Neben der *körperlichen* Nähe gibt es die *emotionale*, die *geistige* oder intellektuelle, die *spirituelle* Nähe ...

> „In Jesus war die Liebe in ihrem ganzen Reichtum und allen Facetten lebendig, und er möchte, dass auch wir Menschen werden, die so lieben: als Menschen mit Leib und Seele" (Lubich, Ich liebe, 45).

„Mit Leib und Seele" sollen wir lieben, ganzheitlich, um einen zum Modewort gewordenen Begriff zu verwenden, der aber Wichtiges besagt. Wir sind Körper, Psyche und Geist in einer Einheit, in der alle Aspekte ihre eigene Bedeutung haben und zugleich zusammengehören.

Gerade in einer zunehmend digitalen Welt, in der viele Kontakte über die Sozialen Medien laufen, brauchen wir auch ganzheitliche Beziehungen, Begegnungen mit allen Sinnen, wie Franziskus herausstellt:

> „Es bedarf der körperlichen Gesten, des Mienenspiels, der Momente des Schweigens, der Körpersprache und sogar des Geruchs, der zittern-

den Hände, des Errötens und des Schwitzens, denn all dies redet und gehört zur menschlichen Kommunikation. Die digitalen Beziehungen, die von der Mühe entbinden, eine Freundschaft, eine stabile Gegenseitigkeit und auch ein mit der Zeit reifendes Einvernehmen zu pflegen, geben sich nur den Anschein einer Geselligkeit. Sie bilden nicht wirklich ein ‚Wir‘, sondern verbergen und verstärken gewöhnlich jenen Individualismus, der sich in der Fremdenfeindlichkeit und in der Geringschätzung der Schwachen ausdrückt. Die digitale Vernetzung genügt nicht, um Brücken zu bauen; sie ist nicht in der Lage, die Menschheit zu vereinen" (FT 45).

Immer geht es darum, die hier und jetzt richtige Form von Nähe zu finden. Alle Dimensionen sind auf ihre Weise kostbar und wichtig. Dabei ist Nähe ganz verschieden zu leben, in einer Partnerschaft anders als für Menschen in einem Kloster etc.

In der kirchlichen Tradition ist der Leib, ist die körperliche Dimension leider oft abgewertet und negativ gesehen worden; Engführungen und Irrungen wirken bis heute nach. Papst Franziskus stellt dagegen klar: „Wir glauben, dass Gott das frohe Genießen des Menschen liebt"; auch „die erotische Dimension der Liebe" ist ein „Geschenk Gottes" (AL 149.152).

Heute erleben wir oft andere Einseitigkeiten: Die geistige Dimension des Menschen, der eben mehr ist als sein Körper, mehr auch als eine psychosomatische Realität, wird oft nicht gesehen.[27] Die Bandbreite, wie wir Nähe leben können oder sollten, ist also enorm. Und sie ist individuell verschieden. Sie ist zum Beispiel für ein Paar anders als für ein anderes, in der Begegnung mit *einem* Menschen anders als mit einem anderen. Angemessene Nähe braucht Achtsamkeit und Gespür, sie kennt und braucht verschiedene Ausdrucksformen, sie kennt auch verschiedene Zeiten. Und sie bewegt sich immer zwischen den Polen Nähe und Distanz.

Nähe und Distanz

Mit der Nähe hat es eine sonderbare Bewandtnis: Die Distanz wächst, so meinte der österreichische Aphoristiker Ernst Ferstl einmal sinngemäß, wenn man mit der Nähe zu weit geht – oder nicht weit genug.[28] Ja, auf die Balance kommt es an, auf das Gespür für sich selbst, für den anderen und den Sinn für die Situation. Gutgemeint ist bekanntlich nicht immer gut.

Je näher wir einem Menschen stehen, desto deutlicher merken wir auch, was alles zwischen uns liegt.

Nähe, wie Jesus sie gelebt hat und versteht, kennt auch das bewusste klare Nein und die Distanzie-

---

27 Vgl. hierzu z. B. die allgemeinverständlichen Ausführungen der Psychotherapeutin Elisabeth Lukas in: Elisabeth Lukas/Reinhardt Wurzel, Gesundheit bewahren – Krankheit bewältigen, München 2023.
28 Vgl. Ernst Ferstl, Unter der Oberfläche. Gedanken mit Tiefgang, Edition Va Bene 1996.

rung.[29] Wenn Chiara von „Sich-Einsmachen" spricht, ist das mitzudenken. Nicht „Dem-anderen-gefallen-Wollen" ist gemeint, schon gar nicht allen gefallen zu wollen, keine Meinung zu haben oder nicht Position zu beziehen. Konflikte zu scheuen wäre kein Zeichen ehrlicher Nächstenliebe und führt auch nicht zu wirklicher Einheit, in der immer auch Platz für die Verschiedenheit ist. Chiara spricht vom ständigen Prozess des Aufeinander-zu, des Einswerdens auf der einen Seite und des Sich-Unterscheidens auf der anderen Seite (vgl. S. 138-142). Einheit ist nie statisch, ist kein „Aufgehen im anderen", sondern „Leben nach der Art der Dreifaltigkeit": Der Vater und der Sohn sind eins im Heiligen Geist, aber nicht identisch.

Heute sind wir sensibler für Vereinnahmungen, für vermeintliche und in Wahrheit verletzende „Wohltaten", für ein Verhalten, das nicht gewollt ist, für fehlenden Respekt, für jede Art von Übergriffigkeit, die ganz subtil sein kann und schlimmste Formen kennt, bekanntlich und besonders schmerzlich auch in kirchlichem Umfeld. „Me too", Erfahrungen sexuellen Missbrauchs, häufiger noch geistlichen Missbrauchs … – allein die Stichwörter tun den Blick in Abgründe auf. Nähe kann so leicht missbraucht werden. Nähe verlangt größte Achtung, Wertschätzung, Respekt. Wie gesagt: *Nähe und Distanz gehören austariert.* In allen zwi-

---

29 Viele Stellen ließen sich anführen: „Er aber schritt mitten durch die Menge hindurch und ging weg" (Lukas 4,30); „Frau, was habe ich mit dir zu tun?" (Johannes 2,4); „Ihr Heuchler!" (Matthäus 15,7 u. ö.) …

schenmenschlichen Beziehungen, besonders in engen Beziehungen, in verbindlichen Gemeinschaften, in einer Partnerschaft, in einer Ehe.

„Es gibt einen Punkt, an dem die Liebe des Paares seine größte Befreiung erlangt und zu einem Raum heilsamer Autonomie wird: wenn jeder entdeckt, dass der andere nicht sein Eigentum ist, sondern einen viel bedeutenderen Besitzer hat, nämlich seinen einzigen Herrn ... Es ist notwendig, dass der geistliche Weg jedes Einzelnen ihm hilft – wie Dietrich Bonhoeffer es gut ausdrückte – eine gewisse ‚Enttäuschung‘ über den anderen zu erfahren, es aufzugeben, von diesem Menschen das zu erwarten, was allein der Liebe Gottes eigen ist" (Franziskus, AL 320).

Nähe darf nicht vereinnahmen und mit Erwartungen überfrachten. Es braucht Augenhöhe in der Beziehung. Wo Macht ausgeübt wird, wo Machtverhältnisse bestehen, in denen die fundamentale Gleichheit nicht geachtet wird, ist die Gefahr groß, dass die Würde und die Freiheit des (öfter *der*) Einzelnen missachtet werden. Zur Nächstenliebe gehört auch die Sensibilität für die (vermeintlich) Schwächeren. Nie darf sie von oben herab, nie gönnerhaft daherkommen.

Chiara hat vor allem indirekt Wichtiges dazu zu sagen. Was sie über „Liebe sein" schreibt, spricht für sich, ebenso ihre Ausführungen zu einem richtig verstandenen Sich-Einsmachen und zur „goldenen Regel": „Alles, was ihr von anderen erwartet, das tut auch ihnen." Wer würde sich nicht wünschen, frei gelassen und zutiefst respektiert zu werden?

Nähe und Distanz gut zu leben, das ist ein lebenslanger Lernprozess. Auch kulturelle und ganz persönliche Prägungen spielen mit, bis in scheinbare Banalitäten hinein: Wenn ich mich über einen „Morgenmuffel" ärgere, weil er meine freundlichen Worte zu früher Stunde nicht erwidert, lag der Fehler bei mir, der ich ein „Morgentölpel" gewesen bin. Wenn ich in der Londoner U-Bahn Fremde lächelnd grüße, zeige ich nur, dass ich britische Umgangsformen nicht kenne. Nächstenliebe braucht mehr als die gute Absicht. Auch ein Verzicht auf die so oft floskelhafte Frage „Wie geht es dir?" kann manchmal Liebe sein! Manchmal will jemand einfach in Ruhe gelassen werden.

Angesichts der Not der Einsamkeit

Wie gesagt: Wir leben von Nähe. Wir sind Beziehungswesen: „Es ist nicht gut, dass der Mensch allein ist" (Genesis 2,18). Wo menschliche Nähe fehlt, kann menschliches Leben nicht gedeihen, von allem Anfang an nicht. Wir alle brauchen Nähe. Besser: Wir alle *bräuchten* Nähe. Denn, so stellt nicht nur Papst Franziskus fest, wir sind „einsamer denn je in dieser durch Vermassung gekennzeichneten Welt, welche die Einzelinteressen bevorzugt und die gemeinschaftliche Dimension der Existenz schwächt" (FT 12).

Einsamkeit ist eine große Not in unseren Breiten, wie wissenschaftliche Untersuchungen bestätigen. Im „Einsamkeitsbarometer 2024" der deutschen Bundesregierung werden entsprechende Trends dokumentiert[30]; die WHO stuft „Einsamkeit" inzwischen als gesundheitlichen Risikofaktor ein, insbesondere für alleinlebende Personen. Gefühle des Allein-Gelassen-Seins haben aber nicht nur gesundheitliche Auswirkungen, sondern auch gesellschaftlich-politische, wie sich in vielen Ländern beobachten lässt, auch hierzulande: Wer einsam ist, driftet leichter ab in problematische Denk- und Verhaltensweisen.

Für Chiara gehörte zur Nächstenliebe von Anfang an, offene Augen zu haben für die Not der Einsamkeit. Eines ihrer bekanntesten Gebete beginnt mit den Worten: „Herr, gib mir alle, die einsam sind ..."; das Wort kommt gleich mehrfach vor:

> „Herr, gib mir alle, die *einsam* sind ... Wie sehr leidest du unter all der Verlassenheit in der Welt ... Ich möchte alle lieben, die krank und *einsam* sind. Wer tröstet ihre Tränen? Wer nimmt Anteil an ihrem langsamen Sterben? Wer nimmt sich ihrer Verzweiflung an? Mein Gott, lass mich in der Welt sichtbares Zeichen und Werkzeug deiner Liebe sein, deine Arme, die alle *Einsamkeit* der Welt an sich ziehen und in Liebe umwandeln" (Ich liebe, 18).

Nun vermag am ehesten derjenige Nähe gut zu praktizieren und in der richtigen Weise zu schenken, der

---

30 https://www.bmfsfj.de/resource/blob/240528/5a00706c4e1d6052 8b4fed062e9debcc/einsamkeitsbarometer-2024-data.pdf (aufgerufen am 26.9.2024).

auch allein sein kann. Sonst *braucht* man die anderen, was einer absichtslosen Liebe nicht zuträglich ist. Chiara, die so sehr auf Beziehung setzte, war dies sehr bewusst, wie viele ihrer Schriften und Aufzeichnungen belegen. Immer wieder hat sie auch die Einsamkeit gesucht, das „allein mit Gott allein". Sie kannte freilich auch die andere, die bedrückende Seite der Einsamkeit:

> „Unser geliebtes Gut ist drüben, hier aber sind wir müde, allzu müde unter der Last des Kreuzes. Maria ist bei uns … Möge sie in ihrer Einsamkeit uns beistehen in unserer verzweifelten Einsamkeit" (ISGw 122).

Wir sind allesamt „nähebedürftig". Wir brauchen die Nähe, auch die des Himmels.

Barmherzig und bereit zur Vergebung

Nächstenliebe nach „Gottes Stil" beinhaltet Barmherzigkeit. „Seid barmherzig, *wie auch euer Vater barmherzig ist!*" (Lukas 6,36); „Seid gütig zueinander, seid barmherzig, vergebt einander, *wie auch Gott euch in Christus vergeben hat*" (Epheser 4,32). Im Hohelied der Liebe schreibt Paulus: Die Liebe „erträgt alles, glaubt alles, hofft alles, hält allem stand" (1 Korinther 13,7), und in der Bergpredigt heißt es: „Selig die Barmherzigen; denn sie werden Erbarmen finden" (Matthäus 5,7).

„Gott hat seinen Sohn nicht in die Welt gesandt,

damit er die Welt richtet, sondern damit die Welt durch ihn gerettet wird" (Johannes 3,17). Dieses Wort, so Chiara, lasse uns

> „… jeden Nächsten, dem wir begegnen, als jemanden sehen, der, egal in welcher Situation er sich befindet, nicht verurteilt werden darf … Sodann bringt es uns auch dazu, uns selbst als von Gott geliebt zu wissen; immer können wir zu seiner grenzenlosen Barmherzigkeit zurückkehren. Es ist ein Wort, das uns lehrt, zu leben wie im Himmel, wo ein einziger Sünder, der zurückkehrt, mehr gefeiert wird als 99 Gerechte; es hilft uns, nicht zu urteilen, nicht zu *ver*urteilen, sondern stets zu lieben … Es ist ein Wort, das uns bewegt …, immer neu anzufangen. Es ist ein Wort, das uns dazu drängt, die Flamme seiner Barmherzigkeit in unseren Herzen zu entfachen" (Lubich, Conversazioni, 156f).

Wir sollten einander sehen, „wie Gott uns sieht: nicht um uns gegenseitig zu richten und zu verurteilen, sondern um barmherzig zueinander zu sein und uns gegenseitig zu helfen" (Lubich, A1, 123), schreibt Chiara.

> „Erforschen wir unser Herz, um Gleichgültigkeit, Abneigung und Überheblichkeit gegenüber unseren Mitmenschen daraus zu verbannen. Am besten wäre es, uns gleich am Morgen vorzunehmen, diejenigen, denen wir zu Hause, in der

Schule, beim Einkaufen, am Arbeitsplatz usw. begegnen, *mit neuen Augen zu sehen* … Schenken wir Vertrauen, statt Urteile zu fällen; glauben wir voll Hoffnung an das Gute im anderen; vergeben wir … Und bitten wir unsererseits um Entschuldigung" (ebd., 9).

Barmherzigkeit ist ein „Hauptwort" bei Papst Franziskus. „Wie kaum ein anderer Begriff prägt Barmherzigkeit Handeln und Denken des Papstes", schreibt Matthias Kopp am Anfang einer Zusammenstellung wichtiger Aussagen von Franziskus zum Thema.[31]

„Überall, wo Christen sind, muss ein jeder Oasen der Barmherzigkeit vorfinden können" (Franziskus, Misericordiae vultus, 9).

In einer Predigt sagte Franziskus, es gelte zu entdecken, „dass unter dem Blick Gottes Platz ist für die Verwundeten, die Erschöpften, die Misshandelten und Verlassenen: dass seine Kraft und seine Macht Barmherzigkeit heißt" (6.1.2017). Barmherzige Liebe ist Gottes Stil. Vollkommen sein wie der Vater im Himmel, das bedeutet für Jesus: „Seid barmherzig, wie auch euer Vater barmherzig ist!" (Lukas 6,36). Der gleiche Gedanke findet sich im Epheserbrief, wobei hier „Gottes Stil" an Jesus festgemacht wird: „Seid gütig zueinander, seid barmherzig, vergebt einander, wie

---

31 Vor allem Barmherzigkeit. Hundert Worte von Papst Franziskus. Hg. von Matthias Kopp, München 2017.

auch Gott euch in Christus vergeben hat" (Epheser 4,32).
Chiara kommentiert:

> „Schauen wir auf Jesus, denken wir an ihn und
> versuchen wir, auch unseren Nächsten gegen-
> über die Güte und Barmherzigkeit zu haben, die
> Jesus zuerst uns gegenüber hatte, die er immer
> hat und an der wir nie zweifeln, auch wenn wir
> hundertmal am Tag versagen" (PdV, 416).

Jesus ist *das* Bild Gottes, Vor-Bild für uns und unsere
Nächstenliebe:

> „Die Liebe zum Nächsten in der Gestalt der
> Barmherzigkeit ist eine Liebe, die das Herz weit
> macht. Sie hört nicht auf, zu verzeihen. Sie misst
> nicht und wird nicht gemessen ... Wer so liebt,
> empfindet ähnlich wie Jesus, der sagt: ‚Ich habe
> Mitleid mit diesen Menschen' (Matthäus 15,32) ...
> Die Barmherzigkeit ist der höchste Ausdruck der
> Liebe, ihre Erfüllung ... Gott zieht die Barmher-
> zigkeit dem Opfer vor (vgl. Matthäus 9,32)" (A1, 49).

In einer Konferenzschaltung ging Chiara auf die Je-
sus-Worte ein: „Selig sind die Barmherzigen, denn sie
werden Erbarmen finden" (Matthäus 5,7) und: „Mit dem
Maß, mit dem ihr messt, wird euch gemessen werden" (Matthäus 7,2). Jesus wolle uns klarmachen, wie
wichtig unser Verhalten gegenüber unseren Nächsten
ist; wir sollten uns nie „als Richter aufspielen, auch
nicht in den krassesten Fällen, sondern das Urteil Gott

überlassen", so Chiara. Barmherzig sollten wir gegenüber *jedem* Nächsten sein: „auch dem gegenüber, von
dem wir sprechen! Auch gegenüber denen, von denen
wir in der Zeitung lesen und die wir im Fernsehen
sehen" (Lubich, Conversazioni, 112f). – Hinzufügen könnten wir heute: … auch gegenüber denen, über die in
den Social Media gesprochen wird. Mobbing ist bekanntlich gerade da ein großes Thema.

Schuld und Verletzungen ernst nehmen

In vielen Situationen, im Kleinen wie im Großen, ist
die Bereitschaft zur Vergebung der einzige Weg, die
Unheilsspirale des „Wie du mir, so ich dir" zu durchbrechen. Einander neu zu sehen, ja einen „Pakt der
Barmherzigkeit" zu schließen, riet Chiara. Das heißt
aber keineswegs, Schuld und Verletzungen unter den
Teppich zu kehren. Allzu schnell machen wir uns da
etwas vor – doch unterschwellig wirkt erlittenes Unrecht nach, ist nichts wirklich geklärt, gelöst. Frieden
machen ist eine anspruchsvolle Sache, die vieles
braucht. Manchmal auch den Mut zur offenen Aus-
sprache – und die Bereitschaft zu hören. Manchmal
auch erst einmal einfach Zeit.

Im Zusammenhang mit dem Vergeben weist Papst
Franziskus mit Nachdruck darauf hin, dass wir
Schuld und Verletzungen ernst nehmen müssen.

> „Wir sind gerufen, ausnahmslos alle zu lieben,
> aber einen Unterdrücker zu lieben bedeutet

nicht, zuzulassen, dass er es weiter bleibt; es bedeutet auch nicht, ihn im Glauben zu belassen, dass sein Handeln hinnehmbar sei. Ihn in rechter Weise zu lieben bedeutet hingegen, auf verschiedene Weise zu versuchen, dass er davon ablässt zu unterdrücken; ihm jene Macht zu nehmen, die er nicht zu nutzen weiß und die ihn als Mensch entstellt. Vergeben heißt nicht, zuzulassen, dass die eigene Würde und die Würde anderer weiterhin mit Füßen getreten wird oder dass ein Krimineller weiterhin Schaden anrichten kann ... Wenn ein Verbrecher mir oder einem geliebten Menschen Schaden zugefügt hat, kann mir niemand verbieten, Gerechtigkeit zu fordern und dafür Sorge zu tragen, dass diese Person – oder irgendjemand anders – mir oder anderen nicht wieder Schaden zufügt. Das ist mein Recht, und Vergebung negiert diese Notwendigkeit keineswegs, sondern verlangt sie sogar" (Franziskus, FT 241).

Vergeben bedeutet eben nicht vergessen. Vergebung kann und darf auch nie eingefordert werden, wo Unrecht, manchmal schlimmes Unrecht geschehen ist.

„Es ist ergreifend, die Fähigkeit zur Vergebung einiger Menschen zu sehen, die imstande waren, über den erlittenen Schaden hinwegzugehen; es ist aber auch menschlich, die zu verstehen, die das nicht können. Was jedenfalls

niemals vorgeschlagen werden darf, ist das Vergessen" (FT 246).

Ein unvorstellbares Verbrechen wie der Holocaust, die
Shoah, dürfe niemals vergessen werden, auch nicht
die Atombombenangriffe von Hiroshima und Naga-
saki (FT 247f). Die Erinnerung ist ein Baustein für Frieden und Menschlichkeit: „Heute ist die Versuchung
groß, das Blatt wenden zu wollen, indem man sagt,
dass schon so viel Zeit verstrichen ist und wir vor-
wärtsblicken müssen. Um Gottes willen, nein! Ohne
Erinnerung geht es nicht voran, man entwickelt sich
nicht weiter ohne eine umfassende und hellsichtige
Erinnerung" (FT 249).

Franziskus stellt klar: „Diejenigen, die vergeben, vergessen nämlich nicht. Aber sie weigern sich, von der
gleichen zerstörerischen Kraft besessen zu werden,
die ihnen Leid zugefügt hat." Nur so können sie „den
Teufelskreis" durchbrechen und „das Vordringen der
zerstörerischen Kräfte" stoppen (FT 251). Dies gilt auch
im persönlichen Bereich.

„Wie dich selbst". Über Nächstenliebe und Selbstliebe

Ein schwieriges Kapitel. Vielleicht haben wir das Gebot Jesu zu oft anders (falsch!) gehört: *Liebe deinen
Nächsten. Nicht dich selbst.* – Warnungen vor egoisti-
schem Verhalten können so die Überhand gewinnen,
dass wir nicht mehr hören: „… wie dich selbst".

„Jedes Wort Gottes ist das Mindest- und zugleich das Höchstmaß dessen, was Gott von uns fordert. Wenn wir also lesen: ‚Du sollst deinen Nächsten lieben wie dich selbst' (Mt 19,19), so ist dies das Höchstmaß des Gebotes der Bruderliebe. Der Nächste ist ein anderes Du selbst, und als solchen sollst du ihn lieben" (Lubich, A1, 158f).

Wie ich ist der andere, und das heißt zuallererst: unendlich geliebt von Gott. Wie ich. Jede und jeder, alle sind von ihm geliebt. Letzteres ging Chiara auf, als *ihr* gesagt wurde: „Gott liebt *dich* unendlich!" Ich bin geliebt, *wie ich bin*: Kann ich daran glauben? Kann ich mich lieben? Vieles kann uns daran hindern.

Mangelnde Geborgenheit am Anfang, ein wenig entwickeltes Urvertrauen, schmerzliche, ja traumatische Erfahrungen, Abwertungen, Mobbing ... – vieles kann dazu führen, dass jemand sich selbst eben *nicht* lieben kann. Dies ist eine oft verborgene, manchmal auch einem selbst nicht wirklich bewusste Last. Sie kann so bedrückend sein, dass eine Zusage wie: „Aber du bist doch unendlich von Gott geliebt" keinen Resonanzraum findet, womöglich gar wie Hohn empfunden wird. Einander Nächste werden, das beinhaltet in diesem Zusammenhang ein Maximum an Sensibilität, Behutsamkeit, Zurückhaltung bei Forderungen und Erwartungen. Bei mangelndem Selbstwertgefühl kann u. U. auch professionelle Hilfe sinnvoll sein. Jede Form von Druck wäre kontraproduktiv.

Wenn ich vertrauen kann, dass ich wirklich von Gott geliebt bin, kann ich mich mehr und mehr auf den Weg zu einer gesunden Selbstliebe machen, die etwas ganz anderes ist als Eigenliebe. Im Doppelgebot der

Gottes- und Nächstenliebe ist eine richtig verstandene Selbstliebe gewissermaßen vorausgesetzt: Wir werden liebesfähiger, wenn wir zu uns Ja sagen können.

Nun ist es keineswegs so, dass die Hinwendung zu anderen grundsätzlich in einer Spannung zur Selbstliebe stünde, im Gegenteil: Wir leben von Beziehungen, und ein Leben in der Hingabe kann sehr erfüllend sein. Die Zuwendung zu anderen, auch die Überwindung von Vorurteilen und Blockaden gegenüber dieser oder jener „Kategorie" von Menschen verändert und bereichert einen selbst. Mehr noch, es kann wie eine Neugeburt sein, so Chiaras Erfahrung:

> „Ich habe angefangen, alle zu lieben: all die, mit denen ich tagsüber zu tun hatte, und glaubt mir: Ich fühlte mich wie neu geboren!" (Lubich, In cammino col Risorto, 129).

> „Durch die Brüder und Schwestern können wir von einem leeren und belanglosen Dasein zu einem Leben in Fülle übergehen: ‚Wir wissen, dass wir aus dem Tod in das Leben hinübergegangen sind, weil wir die Brüder lieben' (1 Johannes 3,14)" (Lubich, Im Menschen Christus erkennen, 7).

In einer Telefonkonferenz nahm Chiara Bezug auf das Wort des Paulus: „Freut euch zu jeder Zeit!" (1 Thessalonicher 5,16) und erläuterte:

„Die Liebe zum Nächsten ist eine Quelle der Freude. ‚Säe die Freude im Garten deines Bruders, und du wirst sie in deinem eigenen Garten blühen sehen' (J. Journer). Und bei Leo Tolstoi heißt es: ‚Im Leben gibt es nur eine Weise, um glücklich zu sein: für die anderen leben.' Unter den Schätzen, mit denen sich unsere Seele füllt, wenn wir lieben, werden wir auch die Freude entdecken" (Lubich, Cercando, 68f).

Ein prinzipieller Gegensatz zwischen Selbst- und Nächstenliebe *kann* eigentlich nicht bestehen, weil wir für die Liebe „gemacht" sind – als „Königskinder":

„Die Liebe adelt … Wer liebt, wird zum Gebenden; und darin erfährt er seine Würde und eine Fülle, die nicht endet. Vielleicht hat der Herr deshalb geboten zu lieben: damit wir uns nicht bloß als begrenzte, unfähige Menschenkinder fühlen, sondern die Freude verspüren, Kinder Gottes zu sein, Kinder eines Königs" (Lubich, AB, 186).

„Den Nächsten lieben bereichert uns selbst: ‚Wer [Liebe] hat, dem wird gegeben …' (Matthäus 13,12). Auch Augustinus war davon überzeugt: ‚In der Liebe zum Nächsten wird der Arme reich; ohne sie ist der Reiche arm" (Lubich, Sehnsucht, 222).

In ihrer Rede anlässlich der Verleihung der Ehrendoktorwürde in Humanwissenschaften (Malta, 26.2.1999) resümiert Chiara: „In … von der Liebe geprägten zwischenmenschlichen Beziehungen verwirklicht sich de facto jede und jeder in authentischer Weise als Person" (Lubich, Impulse, 77). Es ist ein psychologisches Gesetz, das auch Papst Franziskus in Erinnerung ruft:

> „Ein Mensch kann sich nur entwickeln, sich verwirklichen und Erfüllung finden in der aufrichtigen Hingabe seiner selbst ... Vom Inneren eines jeden Herzens her schafft die Liebe Verbindungen und weitet die Existenz, wenn sie die Person aus sich selbst heraus und zum anderen hin führt. Wir sind für die Liebe geschaffen, und in jedem von uns gibt es ‚das, was man das Gesetz der Ekstase nennen könnte [...]: Der Liebende tritt heraus aus seinem Selbst, um eine vollere Existenz in einem anderen zu finden' (Johannes Paul II.)" (Franziskus, FT 87f).

Die Psychotherapeutin Elisabeth Lukas stellt gar fest: „Neben den eigenen Bedürfnissen gibt es auch eine Bedürftigkeit der Welt. Sie einfühlsam wahrzunehmen, ist für seelisch kranke Menschen ‚Medizin vom Feinsten'."[32] Die Achtsamkeit für andere, das Sich-Hingeben an andere oder an eine als sinnvoll begriffene Sache kommt der eigenen Gesundheit zugute. Und es ist *der* Weg „zu Erfüllung", wie Franziskus schreibt:

---

32 Elisabeth Lukas, Was wirklich zählt, München 2020, 82.

„Niemand reift oder gelangt zu Erfüllung, wenn er sich isoliert. Durch die ihr innewohnende Dynamik verlangt die Liebe eine fortschreitende Öffnung, eine immer größere Fähigkeit, andere anzunehmen, in einem nie endenden Abenteuer" (FT 95).

Wir brauchen lebendige Beziehungen, wir brauchen die anderen auch für unsere eigene Identität, so Chiara in ihrer Rede in Malta:

„Psychologisch gesehen ist es für ein Individuum nicht möglich, das Gespür für die eigene Identität zu entwickeln, wenn es nicht von anderen als Subjekt anerkannt wird. Psychologen aller Richtungen stimmen darin überein, dass der Mensch auf die Bestätigung seiner Individualität durch die anderen angewiesen ist, und zwar durch echte Begegnungen oder Kontakte. Um Geschenk für die anderen sein zu können, braucht man ein Gespür für die Unterschiedenheit von den anderen. Zugleich muss man jedoch, um als Person Geschenk zu sein, mit den anderen in Beziehung treten" (Lubich, Impulse 76).

Hingabe und Selbstfürsorge sind dabei nicht immer leicht auszutarieren. Es ist und bleibt ein Suchen. Wer in einem „helfenden Beruf" steht, weiß, wie wichtig die professionelle Distanz ist. Wer lieben möchte, tendiert dazu, die Selbstfürsorge zu vernachlässigen. Besonders Maximalansprüche an unser eigenes „Lieben" können kontraproduktiv sein, wenn sie nicht eingebettet sind – *relativert* im eigentlichen Sinne des Wortes, das heißt im richtigen Bezugsrahmen gesehen und gelebt: Gott liebt auch uns persönlich! Wir sind ihm kostbar. Und solange es geht, möchte er auf uns zurückgreifen können, damit wir Zeichen und Werkzeug seiner Nähe sind. Da haben wir eine Verantwortung für uns selbst und füreinander. Wir brauchen ein feines Hören nach innen, das Achten auf körperliche Signale und Hinweise anderer. Eigene Grenzen kennen und beachten ist auch Liebe. Es gehört, in Chiaras Diktion, zur „Suche nach dem Willen Gottes"[33]: Was ist jetzt „dran", was ist wohl in seinem Sinne? Wem soll meine, unsere Aufmerksamkeit jetzt gelten? Es gibt auch vermeintlich Gutes, das kaum im Sinne Gottes sein dürfte.

Chiara hat den Facettenreichtum der Liebe verglichen mit dem weißen Licht, das sich in die Farben des Regenbogens bricht, und da gibt es auch das Grün, für sie Symbol für die Natur und unsere psycho-physische Verfasstheit, die zu achten sind. Hilfreich ist dabei, Sorgen miteinander zu teilen und sie bewusst und ausdrücklich Gott anzuvertrauen, wie Chiara rät:

„Wir sind ja nicht allein, sondern haben einen Vater, der uns liebt … Wir dürfen unsere Sorgen

---

33 Vgl. hierzu: Chiara Lubich, „Zur Freiheit befreit". Über die frohe Botschaft vom Willen Gottes, München 2010.

auf ihn werfen, sie bei ihm abladen. In der Schrift steht: ‚Werft alle eure Sorgen auf ihn, denn er kümmert sich um euch' (1 Petrus 5,7)" (Lubich, Cercando, 27).

Wer eigene Last teilen und anvertrauen kann, wird freier für die anderen.

Noch eine Anmerkung zum Modewort „Work-Life-Balance", das auf ein gesundes Gleichgewicht hinzielt, aber recht unglücklich ist; denn auch „Work", auch Arbeit und Engagement sind *Teil* des Lebens. Wenn das Leben gefühlt erst mit dem Feierabend, in der Freizeit oder im Urlaub beginnt, stimmt etwas nicht. Chiaras Bild vom Regenbogen meint etwas ganz anderes: Das Leben in all seinen verschiedenen Aspekten – Arbeit, Erholung und vieles mehr – soll *Leben aus einem Guss* sein: lebendige Liebe im Tun und Lassen, im Lieben und Sich-Lassen.

„Mich lieben, mich zu mir verhalten, mich mir zugewiesen erhalten aus dem schöpferischen Du Gottes, das mein Ich konstituiert, dies bedeutet zugleich und in unteilbar einem Atemzug: dich lieben wie mich, dich lieben aus dem einen und selben schöpferischen und erlösenden Blick, der mich trifft, der mich mir ‚gibt'. Liebe zu mir geht nicht ohne die Liebe zu den Anderen, zu denen ‚wie ich'" (Klaus Hemmerle, Leben aus der Einheit, München 2019, 89).

Wo wir sind und wie wir können

Zur Selbstliebe gehört das Gespür dafür, wem ich zum Nächsten werden kann, in welchem Maß und in welcher Weise. Und das hängt von vielem ab: von der eigenen Lebenssituation, dem Lebensstand und etlichem mehr. In einer Frage-Antwort-Stunde in der Fokolar-Siedlung in Loppiano bei Florenz erwähnte Chiara ein Wort von Mutter Teresa: „Wir sind uns bewusst, dass das, was wir tun, nur ein Tropfen im Ozean ist; aber gäbe es diesen Tropfen nicht, würde er im Ozean fehlen", und sie meinte, wir sollten von ihr lernen:

> „Unseren tagtäglichen *Tropfen* ‚leben', wenn wir nicht mehr geben können. Sonst würde er fehlen."[34]

Mehr als das, was jemand zu tun vermag, kann von niemandem verlangt werden.[35] Nicht *wir* sind der Heiland der Welt; unsere Möglichkeiten und auch unsere Verantwortung sind begrenzt. Wir können uns nicht für alles zuständig fühlen und sind es nicht.

---

34 Loppiano, 16.5.2003, zit. in: Vicinanza, 31.
35 So ein schon im Römischen Recht bekannter Grundsatz (*Ultra posse nemo tenetur* oder *Ad impossibilia nemo obligatur*), der bis heute in der Ethik, in der Moraltheologie und auch im bürgerlichen Recht Beachtung findet. Unmögliches können wir von keinem verlangen, auch nicht von uns selbst. Wir erleben aber auch, dass Menschen an Aufgaben wachsen, wie es niemand für möglich gehalten hätte: ein großes Geschenk, oft Frucht des Mitlebens anderer.

Aber da, wo wir sind, an dem Platz, wo wir stehen, sind wir gefordert. Und dort können wir etwas ganz Großes tun: liebend können wir Gott einlassen in diese Welt, wie Martin Buber formuliert: „Pflegen wir heiligen Umgang mit der uns anvertrauten kleinen Welt, helfen wir in dem Bezirk der Schöpfung, mit der wir leben, der heiligen Seelensubstanz zur Vollendung zu gelangen, dann stiften wir an diesem unseren Ort eine Stätte für Gottes Einwohnung, dann lassen wir Gott ein."[36]

„Selbst wenn wir scheinbar nichts tun können, aber darin aus Liebe seinen Willen tun, haben wir alles getan. Und Gott zieht Nutzen daraus zum Besten vieler" (Lubich, Sehnsucht, 218).

„In der Rangordnung der Liebe stehen die Leidenden ganz oben. Sie sind es, die am meisten tun, die mehr als jeder andere wirken" (Lubich, AB, 104).

„Nicht wie viel wir tun ist entscheidend, sondern wie wir es tun" (Lubich, Grenzenlos ist einzig die Liebe, 39).

Und wir dürfen wissen: Wir sind Teil eines großen Netzes, das sich über die Welt spannt, verbunden mit den vielen, in denen und durch die der Gottesgeist wirkt. Er weht, wo er will. Wir haben unsere je eigene Verantwortung – ganz konkret an *unserem* Platz. Und

---

36 Martin Buber, Der Weg des Menschen nach der chassidischen Lehre, Gerlingen [12]1996, 57.

hier, wo ich stehe mit meiner Aufgabe, kann Gott Einlass finden, kann „sein Licht durchscheinen":

> „Ein Christ kann nicht der Welt entfliehen … Er lebt in der Welt, denn er hat eine Verantwortung: Er soll Licht sein … Die Aufgabe des Christen besteht also darin, das Licht, das in ihm wohnt, durchscheinen zu lassen, ‚Zeichen' der Gegenwart Gottes unter den Menschen zu sein" (Lubich, in: NSt 8/1979).

Jede(r) an seinem Platz und im Rahmen seiner Möglichkeiten, das meint nicht den Rückzug in die eigene kleine Welt. Immer können wir andere in Gedanken mittragen, können wir für andere beten. Klaus Hemmerle sprach einmal von seinem dreifachen Morgengebet: dem vor dem Spiegel (sich selbst vor Gott bringen und sich von ihm anschauen lassen), dem vor dem Terminkalender mit der Frage, wem ich heute begegne, und dem vor der Zeitung, vorm Weltgeschehen.[37] Auch dies ist eine Form zeitgemäßer Nächstenliebe: das Mittragen anderer im Gebet. Es verändert uns. Es wirkt sich aus auf unser Denken, Reden und Tun, auch auf unseren Lebensstil. Es gehört zu jener ganz konkreten und zugleich universalen Geschwisterlichkeit, zu der Chiara und Papst Franziskus aufrufen. Auch dann, wenn wir merken, dass wir nicht alle möglichen Nachrichten an uns heranlassen können. Manchmal

---

37 Klaus Hemmerle, Gerufen und verschenkt, München 2013, 178-180.

brauchen wir auch Schutzräume und -zeiten, um wieder „nach außen" gehen zu können, und sei es dergestalt, dass man einander sagt: „Ich denke an dich!" Wir wissen, wie gut es uns tut, ein solches Wort zu hören. Es trägt, eingebunden zu sein in ein Netz von Menschen, die einen mittragen.

„Wie ich euch geliebt habe": Mit s e i n e r Liebe lieben

Das Maß des Liebens, das Jesus gesetzt und an das Chiara über die Jahrzehnte hinweg immer wieder erinnert hat, erscheint maß-los: „Es gibt keine größere Liebe, als wenn einer sein Leben für seine Freunde hingibt" (Johannes 15,13). Chiara sprach öfter davon, dass wir bereit sein sollten, das Leben füreinander zu geben, dass wir in einer Haltung der Hingabe leben sollten.

> „Es gibt Liebe und Liebe: Man kann ein gewisses Verständnis für die anderen aufbringen, sich ein wenig für ihre Schmerzen interessieren, ihre Lasten irgendwie mittragen. Doch Gott möchte von uns eine Liebe, deren Maß Jesus vorgegeben hat: ‚... wie ich euch geliebt habe' (Johannes 13,34). Nicht irgendein Anstrich von Liebe gefällt Jesus, sondern eine Liebe, die das eigene Leben ‚wagt'" (Lubich, Ich liebe, 36).

Jesus hat uns bis zum Äußersten geliebt und möchte, dass auch wir einander lieben, wie er uns geliebt hat (vgl. Johannes 15,12). Geht das? Ist das nicht eine Zumutung, eine hoffnungslose Überforderung? In der Tat: Immer nur geben, gar uns selbst geben, das vermögen wir nicht. Nicht aus uns selbst heraus. Benedikt XVI. schrieb: Es ist „dem Menschen unmöglich, einzig in der schenkenden, absteigenden Liebe zu leben. Er kann nicht immer nur geben, er muss auch empfangen. Wer Liebe schenken will, muss selbst mit ihr beschenkt werden. Gewiss, der Mensch kann — wie der Herr uns sagt — zur Quelle werden, von der Ströme lebendigen Wassers kommen (vgl. Johannes 7,37f). Aber damit er eine solche Quelle wird, muss er selbst immer wieder aus der ersten, der ursprünglichen Quelle trinken — bei Jesus Christus, aus dessen geöffnetem Herzen die Liebe Gottes selber entströmt (vgl. Johannes 19,34)" (Deus caritas est, 7).

Auch Chiara hat immer wieder darauf hingewiesen. Es ist eben nicht nur wichtig, physisch auszuruhen, sondern auch „beim lieben Gott": Mit *seiner* Liebe fing alles an, mit seiner Liebe fängt es immer wieder an. Geliebt zu sein, sich lieben zu lassen, das ist und bleibt das Erste. „Du bist unendlich geliebt!" Seine Liebe *ist* in uns, wir sind „gemacht" aus Liebe, als Liebe, für die Liebe. „Die Liebe Gottes ist ausgegossen in unsere Herzen durch den Heiligen Geist, der uns gegeben ist", schreibt Paulus (Römer 5,5). Manchmal wird es spürbar, dass uns im Lieben eine Kraft zuwächst, die nicht aus uns selber kommt. Es ist etwas ganz anderes als das krampfhafte Bemühen um Perfektion.

Wir dürfen uns wie Paulus sagen lassen: „Meine Gnade genügt dir; denn die Kraft wird in der Schwachheit vollendet. Viel lieber also will ich mich meiner Schwachheit rühmen, damit die Kraft Christi auf mich herabkommt" (2 Korinther 12,9).

In Chiaras Erfahrung wird deutlich, dass dies nicht zuletzt da geschieht, wo wir *miteinander* Jesus Raum geben, wo er „mitten unter uns" ist (vgl. Matthäus 18,20), wo er sich als Auferstandener zu uns gesellt wie bei den ratlosen, entmutigten Emmausjüngern nach der Kreuzigung (vgl. Lukas 24,13-35): Der Sinn der Heiligen Schrift erschließt sich, das Herz beginnt zu brennen.

> Er, der Auferstandene in unserer Mitte, möchte „uns Orientierung geben, uns auf unseren täglichen Wegen begleiten, bei uns wohnen und uns durch seine Gegenwart erfreuen ... Jesus wollte bei uns bleiben, damit wir seine Nähe, seine Kraft und seine Liebe spüren" – *in uns und unter uns* (Lubich, in: Neue Stadt 5/2002, 20f).

Da, wo *er* ist, können „Friede, Freude, Liebe, Glut, Begeisterung, Bereitschaft zum Heroismus, zu höchster Großzügigkeit" wachsen (Brief vom 29.4.1948, vgl. Lubich, Alle 1, S. 129). Nur in der Verbundenheit mit ihm, dem „Weinstock", können wir „lieben wie er". Im Johannesevangelium heißt es: „Bleibt in mir und ich bleibe in euch." Danach erst heißt es: „Das ist mein Gebot, dass ihr einander liebt, so wie ich euch geliebt habe."

Und das sagt Jesus gerade nicht, um uns zu überfordern, sondern ganz im Gegenteil: „... damit meine Freude in euch ist und damit eure Freude vollkommen wird" (Johannes 15,4-12).

Dies ist das Fundament, auf dem Chiara sagt: „Gott möchte von uns eine Liebe, deren Maß Jesus vorgegeben hat: ‚... wie ich euch geliebt habe' (Johannes 13,34). Nicht irgendein Anstrich von Liebe gefällt Jesus, sondern eine Liebe, die das eigene Leben ‚wagt'." Solche Liebe ist nie unsere eigene Leistung, sondern Geschenk, mit einem großen alten Wort: Gnade, *seine* Liebe in uns.

Exkurs: Von göttlicher und menschlicher Liebe

Verschiedentlich hat Chiara zwischen „menschlicher" und „göttlicher" Liebe unterschieden.

> „Der Liebe des Menschen haftet immer wieder etwas Egoistisches an; man verfolgt eine bestimmte Absicht, schaut darauf, was es ‚bringt'. Die göttliche Liebe jedoch ist absichtslos, umsonst, ergreift die Initiative. Um als ‚neue' Menschen zu lieben, sollten wir auf Christus schauen und leben wie er, der für alle am Kreuz gestorben ist, dessen Liebe allen gilt und der uns zuerst geliebt hat" (Lubich, Cercando, 13f).

In anderen Texten hebt sie hervor, dass diese Liebe mehr sei als Empathie, als Menschenfreundlichkeit etc.; es gehe um „die Liebe, die in Gott selbst brennt" (vgl. Vicinanza, 86f). Ja, hinter dieser Liebe bleibt unsere menschliche Liebe tatsächlich zurück, und doch widerspräche es vielen von Chiaras Aussagen, göttliche und menschliche Liebe auseinanderzudividieren. Wenn sie etwa schreibt, „üblicherweise" mache der Mensch in der Liebe Unterschiede, während die göttliche Liebe universal sei (Lubich, Cercando, 13f), so wird das „Menschliche" dem „Göttlichen" eben nicht grundsätzlich gegenübergestellt. Es ist eher wie beim Begriff „Welt", der Verschiedenes bezeichnen kann: Biblisch steht er sowohl für die gottfeindliche Welt (so öfter im Johannesevangelium) als auch für die von Gott geschaffene gute Welt. Ähnlich ist es mit dem Begriff „menschlich". Eine generelle Abwertung wäre definitiv nicht mit der Botschaft Jesu zu vereinbaren. Gewiss, unser Menschsein ist verschattet, wir sind eingebunden in eine Unheilsgeschichte, handeln oft genug unmenschlich, kommen aus manchem Dilemma nicht heraus, führen kein Leben „schwarz oder weiß", sondern in mehr oder weniger hellen oder dunklen Grautönen. Aber alle wirkliche menschliche Liebe tendiert zum „Weiß": Überall da ist Gott mehr oder weniger, bewusst oder unbewusst mit dabei; überall, wo Liebe ist, ist Gottes Geist am Werk. Jesus hat ohne Frage eine ganz besondere Qualität von Liebe verkündet und gelebt und durchgetragen bis in die Hingabe seines Lebens, bis zum Äußersten (vgl. Johannes 13,1; 1 Johannes 3,16). Es ist eine göttlich-menschliche Liebe in Vollendung: ganz göttlich und vollendet menschlich![38] Jesus selbst ist die menschgewordene Gottesliebe, die zum Maßstab für unser Verhalten wird: „Liebt einander, wie ich euch geliebt habe" (Johannes 13,34). Es besteht kein Gegensatz, sondern eine „innere Verbindung" zwischen der „Liebe Gottes und der Realität der menschlichen Liebe", so Benedikt XVI.[39]

Über die Unterscheidungen verschiedener Arten von Liebe führt Benedikt weiter aus: „*Eros* als Darstellung der ‚weltlichen' Liebe und *Agape* als Ausdruck für die im Glauben gründende und von ihm geformte Liebe sind oft zu Gegensätzen hochgesteigert worden: Christlich sei die absteigende, schenkende Liebe, die Agape; die nichtchristliche, besonders die griechische Kultur sei dagegen von der aufsteigenden, begehrenden Liebe, dem Eros geprägt. Wenn man diesen Gegensatz radikal durchführte, würde das Eigentliche des Christentums ... zu einer Sonderwelt, die man dann für bewundernswert ansehen mag, die aber doch vom Ganzen der menschlichen Existenz abgeschnitten würde. In Wirklichkeit lassen sich Eros und Agape – aufsteigende und absteigende Liebe – niemals ganz voneinander trennen" (Deus caritas est, 7).

Um die innere Verbindung von Menschlichem und Göttlichem nicht auseinanderzureißen, ist es wohl besser, von „echter", von „wahrer" Liebe zu sprechen, von einer Liebe im Sinne Jesu. Chiara selbst spricht von einer „menschlich-göttlichen Liebe, die die rein menschliche [!] Liebe nicht ausschließt" (Impulse, 28). Das Gleichnis vom barmherzigen Samariter ist ein

---

38 Vgl. hierzu z. B. „Leben aus dem Glauben". Katholischer Erwachsenenkatechismus, 2. Bd., 1995, 51.
39 Papst Benedikt XVI., Deus caritas est, 1.

Musterbeispiel dafür, wie Jesus gelebte Nähe, menschliche Empathie, Mit-Leid und tatkräftige Zuwendung als nachahmenswert herausstellt, ohne sich mit Unterscheidungen von menschlicher und göttlicher Liebe aufzuhalten: *Die menschliche Liebe des Samariters ist die Erzählung von göttlicher Liebe, von Gottes Liebe zu den Menschen.*

Die Frage ist, ob und inwieweit unsere Liebe *solcher* Liebe nahekommt, sie widerspiegelt, ihr entspricht. Und da dürfte Chiaras oben zitierte Feststellung hochrealistisch sein: „Der Liebe des Menschen haftet immer wieder etwas Egoistisches an ...". Doch wer alles Unkraut ausreißen wollte, würde auch den Weizen mit ausreißen, sagte Jesus in einem anschaulichen Vergleich (Matthäus 13,24-30). Das Göttliche ist da, auch inmitten des Unzulänglichen. „Überall, wo echte Liebe gefunden und gelebt ist, findet und erlebt man Gott selbst, auch wenn man meint, es gebe ihn nicht. ‚Wo Liebe und Güte, da ist Gott.'"[40]

Chiara selbst hat ungeachtet aller begrifflichen Unterscheidungen *darauf* gesetzt. Und sie hat es als lebendige Wirklichkeit erfahren in vielfältigen Begegnungen mit Angehörigen anderer Religionen wie auch mit Menschen ohne religiöses Credo: Ja, *ubi caritas, Deus ibi est* – Wo Güte und Liebe, da ist Gott.[41]

---

40 Glaubensverkündigung für Erwachsene. Deutsche Ausgabe des Holländischen Katechismus, Freiburg-Basel-Wien 1968, 424.
41 Vgl. hierzu: W, 176–186.

Gottes Vorliebe – unsere Vorliebe

Gottes universale Liebe zeigt sich gerade in der Vorliebe für die, die oft herausfallen aus unserem Blick. Ihnen hat Jesus den Vorzug gegeben, wie Chiara betont:

> „Jesus sagt: ‚Der Geist des Herrn hat mich gesandt, damit ich den Armen eine gute Nachricht bringe' (Lukas 4,18). Ihnen vor allem gelten die Seligpreisungen des Evangeliums: den Weinenden, Hungernden, Verfolgten … Schließe sie in dein Herz: Sie sind die Bevorzugten des Herrn; sie seien es auch für dich" (Lubich, A1, 124).

> „Jesus hatte eine Vorliebe für die Armen und Geringsten … Er hat die ‚Option für die Armen', das heißt die vorrangige Entscheidung für sie, getroffen, lange bevor die Kirche sie formuliert und dazu aufgerufen hat. Er ist ja gekommen, um den Armen die Frohe Botschaft zu verkünden … Auch wir können – nach dem Beispiel Jesu – den Geringsten den ersten Platz in unserem Herzen geben" (Lubich, Santi insieme, 78-80).

Daran entscheidet sich letztlich alles, so Chiara mit Verweis auf Jesu Rede vom „Weltgericht":

> „Wenn ein Student zufällig die Fragen des Schlussexamens erfahren würde, wäre er überglücklich und würde sich gründlich vorbereiten. – Das Leben ist eine Prüfung, und an sei-

nem Ende ist ein Examen abzulegen. Aber Gott hat uns in seiner grenzenlosen Liebe die Fragen im Voraus wissen lassen: ,Ich war hungrig, und ihr habt mir zu essen gegeben; ich war durstig, und ihr habt mir zu trinken gegeben ...' (Matthäus 25,35). Die Werke der Barmherzigkeit werden der ,Examensstoff' sein. An ihnen wird Gott sehen, ob wir ihn wirklich geliebt haben" (Lubich, A1, 77).

„Liebe den gekreuzigten Jesus in dir, in all deinen Schmerzen. Vor allem aber liebe ihn in den anderen, in den Brüdern und Schwestern. Wenn du jemand unter ihnen den Vorzug geben kannst, dann liebe ihn in denen, die vom Weg abgekommen sind, in den Erbärmlichsten, in den Abstoßendsten, in den Verlassensten, in denen, die von der Gesellschaft ausgestoßen werden und am meisten leiden" (Lubich, A1, 125).

Die Liebe ist der Maßstab, nichts anderes. Auch nicht die „Verteidigung von Wahrheiten". Hier wird Franziskus sehr deutlich:

„Die geistliche Gestalt des menschlichen Lebens ist von der Liebe geprägt, die ,zum Maßstab für den endgültigen Entscheid über Wert oder Unwert eines Menschenlebens wird' (Benedikt XVI.). Es gibt jedoch Gläubige, die meinen, ihre Größe bestünde darin, anderen ihre Ideologien aufzuzwingen, sei es in der gewaltsamen Verteidigung der Wahrheit, sei es in großen Machtdemonstrationen. Wir Gläubige müssen alle dies erkennen: An erster Stelle steht die Liebe; was nie aufs Spiel gesetzt werden darf, ist die Liebe; die größte Gefahr besteht darin, nicht zu lieben" (FT 92).

Bewegend ist ein Tagebucheintrag von Chiara aus dem Jahr 1964, während ihrer ersten Brasilienreise. Nachdem sie Bewohner eines Armenviertels getroffen hatte, notierte sie tief betroffen:

> „Sie sind die Menschenmengen, die Jesus liebte, und mir war spontan danach zu wiederholen, was Paul VI. in Rom zu Gefangenen gesagt hat: ‚Ihr seid das Bild Christi …; ihr repräsentiert ihn hier vor mir …, deshalb bin ich gekommen, ja ich möchte sagen, um vor euch auf die Knie zu fallen'" (Lubich, Diario 1964-1980, 64).

Lieben kann man nur in der Ehrfurcht vor dem anderen. Gerade „die Geringsten" „repräsentieren" Christus.

„Liebe sein" und „sich einsmachen"

L iebe *sein*, das ist zentral in Chiaras Verständnis von Nächstenliebe. Wir haben es schon mehrfach gestreift. Den Nächsten *lieben wollen*, das kann gehörig danebengehen: Wenn *ich lieben will*, ist längst nicht gesagt, dass es beim anderen als Liebe ankommt und für ihn Liebe *ist*. Wichtig ist, Liebe zu *sein*, mehr und mehr Liebe zu sein. Es ist ein Reifen, in all unseren Beziehungen. Da, wo uns das Herz hinzieht, umso mehr: Achtsamkeit, Respekt, sensibles Wahrnehmen der Befindlichkeit, der Wünsche auch und vor allem *des anderen* sind gerade da wichtig – ohne zu verkrampfen, immer wieder aufs Neue. In einer Betrachtung hat Chiara den Unterschied plastisch verdeutlicht:

> „Es gibt Menschen, die etwas *aus Liebe* tun. Andere versuchen, in ihrem Tun *Liebe zu sein*.
>
> Wer etwas aus Liebe tut, mag es in gewisser Weise gut tun. Aber während er glaubt, einem andern, etwa einem Kranken, einen großen Dienst zu erweisen, wird er ihm vielleicht lästig mit seinem Gerede, mit seinen Ratschlägen und seiner Hilfe: Seine Liebe ist wenig einfühlsam und belastend. Der Ärmste – er hat ein Verdienst, doch der andere eine Last. Es kommt eben darauf an, Liebe zu sein.
>
> Unsere Bestimmung gleicht den Sternen: Sie sind, solange sie kreisen; kreisen sie nicht, so sind sie nicht. Wir *sind* – in dem Sinne, dass nicht wir selbst leben, sondern das Leben Gottes in uns –, wenn wir keinen Augenblick aufhören zu lieben. Die Liebe stellt uns in Gott, und Gott ist Liebe. Die Liebe Gottes ist Licht, und in diesem Licht erkennen wir, ob wir einer Schwester,

einem Bruder so beistehen, wie Gott es will, wie sie es wünschten und erträumten, wenn sie nicht uns an ihrer Seite hätten, sondern Jesus" (A1, 34).

Liebe *sein*, das heißt: Wir sind selbst, mit unserem ganzen Wesen gefragt, als Person involviert. Wir sind ja berufen, uns mehr und mehr prägen zu lassen von der Liebe. Zu werden, was wir in Gottes Plan zutiefst sind und wofür wir gemacht sind, in Chiaras Formulierung: „Worte im Wort" zu sein. Die Stoßrichtung hat Paulus in das kühne Wort gefasst: „Nicht mehr ich lebe, sondern Christus lebt in mir" (Galater 2,20).

„*Sich einsmachen*"

Liebe heißt von innen her: „*Du* zählst!" Das Herz geht zum anderen, ist beim anderen, geht aus von ihm und dem, was er braucht. Chiara hat dafür einen Begriff geprägt, der schon öfter gefallen ist: „sich einsmachen". Daran entscheidet sich geradezu, ob Liebe echte Liebe ist, anders gesagt: inwieweit wir die „Kunst zu lieben", von der Erich Fromm sprach, beherrschen. Chiara schreibt:

> „Erich Fromm stellte fest, dass die Menschen unseres Kulturkreises nur selten die ‚Kunst des Liebens' zu lernen versuchen: ‚Trotz unserer tiefen Sehnsucht nach Liebe halten wir doch fast alles andere für wichtiger ...: Erfolg, Prestige, Geld und Macht. Unsere gesamte Energie verwenden

wir darauf zu lernen, wie wir diese Ziele erreichen, und wir bemühen uns so gut wie überhaupt nicht darum, die Kunst des Liebens zu
erlernen.'[42] – Wenn wir die Kunst zu lieben praktizieren, wie wir sie im Evangelium Christi finden, kann es zu einer friedlichen, aber einschnei-
denden ‚Revolution der Liebe' kommen, einer
‚Revolution', die nicht nur das geistliche Leben
betrifft, sondern den Menschen und die Gesellschaft als Ganze ... Es ist eine Liebe, die nicht
nur aus Worten besteht; sie ist keine Gefühlssa-
che, sondern wird konkret. Sie verlangt, dass wir
uns einsmachen mit dem anderen, uns in ihn
hineinversetzen, sein Leid, seine Bedürfnisse,
seine Freude teilen, um ihn zu verstehen und
ihm wirksam helfen zu können" (Lubich, L'arte di
amare, 23).

„Den Nächsten lieben heißt sich einsmachen mit
ihm, sein Leben in sich aufnehmen und ihm das
zukommen lassen, was er braucht (vgl. 1 Korinther
9,19-23): mit dem Hungrigen mitfühlen und ihm
zu essen geben; sich in die Unsicherheit des anderen hineinversetzen, um ihm auf rechte Weise
raten zu können; die Schwäche des anderen in
sich aufnehmen, um ihn ermutigen zu können"
(Cercando, 21f).

---

42   Die Kunst des Liebens, Stuttgart 1980, 16.

„Lieben heißt: niemanden leiden sehen können, ohne mit ihm zu leiden; niemanden weinen sehen können, ohne mit ihm zu weinen", schrieb Vinzenz von Paul (1581–1660), der als Begründer der neuzeitlichen Caritas gilt. Tiefes Mit-Empfinden, die Einfühlung in den anderen kann viel in Bewegung bringen: Es drängt zu „Werken der Barmherzigkeit", zu sozialen Initiativen, die weit mehr sind als eine Art Technik oder Methode bloßer Bedürfnisbefriedigung.

Mit einem weiten, freien Herzen

Je mehr wir Liebe sind, desto weiter und freier wird unser Herz für die Menschen, die hier und jetzt darauf warten, dass ihnen jemand „zum Nächsten wird". Das Herz weiten „nach dem Maß des Herzens Jesu", empfiehlt Chiara: Gottes Stil, der sich in Jesus zeigt, wird maß-geblich.

> „Das Herz weit machen nach dem Maß des Herzens Jesu: welch eine Aufgabe! Die einzig notwendige. Ist sie getan, ist alles getan.
> Es geht darum, jeden, dem wir begegnen, so zu lieben, wie Gott ihn liebt. Und weil wir in Raum und Zeit leben, lieben wir einen Nächsten nach dem andern, ohne innerlich dem nachzuhängen, dem wir gerade zuvor begegnet sind; in allen lieben wir ja ein- und denselben Christus …
> Um rein zu sein, brauchen wir dem Herzen

nichts ‚wegzunehmen'; wir brauchen die Liebe
nicht zu unterdrücken. Im Gegenteil: Es geht
darum, dass wir unser Herz so weit machen wie
das Herz Jesu und alle lieben" (Lubich, A1, 15).

Wenn Chiara sagt, wir sollten nicht mehr „innerlich
dem nachhängen, dem wir gerade zuvor begegnet sind;
in allen lieben wir ja ein- und denselben Christus", so
ist das keine Abwertung des Einzelnen – als ob es nicht
um ihn, sondern um Christus ginge (das wäre verletzend), sondern Zeichen der Wertschätzung aller:

> „Wenn wir im Laufe des Tages nacheinander
> verschiedenen Menschen begegnen, erfordert
> das Sich-Einsmachen notwendigerweise einen
> ‚Schnitt': Wir können nicht länger besetzt sein
> von den Ängsten, der Last, die zuvor ein ande-
> rer bei uns abgeladen hat. Wir müssen das jetzt
> hinter uns lassen, um uns mit unserem ‚neuen
> Nächsten' einsmachen zu können" (PdV, 576f).

Sich Zeit nehmen und zuhören

Sich einsmachen, um dem anderen wirklich zum
„Nächsten" werden zu können, das verlangt ein
aufmerksames Hören: ein Hinhören auf das, was er
sagt, auf das, was er womöglich zu sagen hat, auf das,
was er nicht sagt oder sagen kann. Respektvoll und in
großer Behutsamkeit. Das fällt oft schwer, und manches Mal merken wir erst, wenn ein anderer es uns

spiegelt, dass wir nicht gut zugehört haben, ihm nicht den gebührenden Raum, nicht genügend Zeit gegeben haben. Auch da kann uns der Samariter aus dem Gleichnis ein Vorbild sein, wie Franziskus herausstellt:

> „Mehrere Menschen gingen ... vorbei und blieben nicht stehen. Es waren Menschen mit wichtigen Stellungen in der Gesellschaft, die aber die Liebe für das Gemeinwohl nicht im Herzen trugen. Sie waren nicht in der Lage, einige Minuten zu erübrigen, um dem Verletzten zu helfen oder zumindest Hilfe zu suchen. Einer blieb stehen, schenkte ihm seine Nähe, pflegte ihn mit eigenen Händen, zahlte aus eigener Tasche und kümmerte sich um ihn. Vor allem hat er ihm etwas gegeben, mit dem wir in diesen hektischen Zeiten sehr knausern: Er hat ihm seine Zeit geschenkt. Sicherlich hatte er sein Programm für jenen Tag ... Aber er ist fähig gewesen, angesichts dieses Verletzten alles beiseite zu legen, und ohne ihn zu kennen, hat er ihn für würdig befunden, ihm seine Zeit zu schenken" (Franziskus, FT 63).

> „Manchmal hindert uns die Geschwindigkeit der modernen Welt, die Hektik, daran, einem anderen Menschen gut zuzuhören. Wenn er in der Mitte seiner Wortmeldung ist, unterbrechen wir ihn schon und wollen ihm antworten, ob-

wohl er noch nicht zu Ende gesprochen hat. Man darf die Fähigkeit zuzuhören nicht verlieren. Der heilige Franziskus hat der Stimme Gottes zugehört, er hat der Stimme des Armen zugehört, er hat der Stimme des Kranken zugehört, er hat die Stimme der Natur vernommen. All das verwandelt er in einen Lebensstil ..." (Franziskus, FT 48)

Wenn es kein Schweigen und Zuhören mehr gebe, setze man „die Grundstruktur einer weisen menschlichen Kommunikation aufs Spiel", mahnt Franziskus (FT 48f). Es braucht Aufmerksamkeit und Schweigen, ein offenes Ohr und ein offenes Herz für den anderen, für das, was er sagt oder auch nicht sagen kann. „Nur schweigend hör ich hinter deinen Worten dich" (Stephan Schaefer). Hinhören ist eine Kunst.

„Manchmal sind wir unaufmerksam, oder wir wollen vorschnell sagen, was uns in den Sinn kommt, und geben unpassende Ratschläge",

stellt Chiara fest, und sie nennt weitere Gründe, die uns am offenen Hinhören hindern können:

„Vielleicht halten wir es für sinnlos, uns mit einem anderen einzumachen, weil wir irgendwelche Vorurteile haben oder meinen: Der versteht unsere Liebe sowieso nicht! Manchmal gelingt es uns nicht, offen für den anderen zu sein, weil wir ihn womöglich für unsere eigene Sache gewin-

nen wollen. Oder wir sind unfähig, uns eins-
zumachen, weil unser Herz schon voll ist von
unseren Sorgen und Ängsten, von unseren
Angelegenheiten und Plänen. Wie soll da Raum
sein für die Sorgen, den Kummer, die Ängste unserer Schwestern und Brüder?" (Lubich, Conversazioni, 93).

Über die Bedeutung des Zuhörens schreibt Dietrich Bonhoeffer: „Der erste Dienst, den einer dem andern in der Gemeinschaft schuldet, besteht darin, dass er ihn anhört. Wie
die Liebe zu Gott damit beginnt, dass wir sein Wort hören,
so ist es der Anfang der Liebe zum Bruder, dass wir lernen,
auf ihn zu hören ... Wer nicht lange und geduldig zuhören
kann, der wird am Andern immer vorbeireden und es selbst
schließlich gar nicht mehr merken. Wer meint, seine Zeit sei
zu kostbar, als dass er sie mit Zuhören verbringen dürfte,
der wird nie wirklich Zeit haben für Gott und den Bruder,
sondern nur immer für sich selbst, für seine eigenen Worte
und Pläne ... Es gibt aber auch ein Zuhören mit halben Oh-
ren, in dem Bewusstsein, doch schon zu wissen, was der
Andere zu sagen hat. Es ist das ungeduldige, unaufmerksa-
me Zuhören, das den Bruder verachtet und nur darauf wartet, bis man endlich selbst zu Worte kommt ... Mit den Oh-
ren Gottes sollen wir hören, damit wir mit dem Worte
Gottes reden können" (Dietrich Bonhoeffer, Gemeinsames
Leben, DBW 5, 82f).

Leer-Sein von sich selbst:
Auf Augenhöhe gehen und Raum geben

Der Wunsch, zu lieben nach Jesu Beispiel, der bis zum Äußersten ging, bis zur Hingabe seines Lebens, konkretisiert sich in tausend kleinen „Toden": im Verzicht, den die Liebe tagtäglich verlangt (vgl. Lubich, Conversazioni, 306). Nicht mein Ego zählt, sondern der andere. Chiara spricht von *„saper perdere* – verlieren können", von *„tagliare* – abschneiden". Die Stoßrichtung ist immer die gleiche: Liebe sein, frei sein für die anderen, so wie sie sind. Das, so Chiara in einem Vortrag im Aachener Dom (13.11.1998), verlange „eine Haltung des Wohlwollens, der Offenheit, des Respekts, die Vermeidung von Vorurteilen" – und nicht zuletzt das „Leer-Sein von sich selbst":

> „Leer-Sein von sich selbst, das heißt: beiseite stellen, was wir an Vorstellungen im Kopf haben, was wir an Gefühlen im Herzen tragen und woran unser Wille hängt, um uns in den anderen hineinzuversetzen. Wir können uns ja nicht in die Lage eines Bruders oder einer Schwester einfühlen, um ihn oder sie zu verstehen, um Leid oder Freude zu teilen, wenn wir selbst voller Sorgen, Urteile, Gedanken oder anderer Dinge sind. Das ‚Sich-Einsmachen' erfordert, arm zu sein im Geist, um reich an Liebe zu sein" (Die Trennungen überwinden, Fokolar-Bewegung – Dokumente 6, 12f).

Das Vorbild dafür ist die „Selbstentäußerung" (*Kenosis*) Gottes, von der ein ganz früher christlicher Hymnus spricht, den Paulus im Philipperbrief zitiert:

> „Wenn es … eine Ermahnung in Christus gibt, einen Zuspruch aus Liebe, eine Gemeinschaft des Geistes, ein Erbarmen und Mitgefühl, dann macht meine Freude vollkommen, dass ihr eines Sinnes seid, einander in Liebe verbunden …
> Seid untereinander so gesinnt, wie es dem Leben in Christus Jesus entspricht:
>
> *Er war Gott gleich,*
> *hielt aber nicht daran fest, Gott gleich zu sein,*
> *sondern er entäußerte sich*
> *und wurde wie ein Sklave und den Menschen gleich.*
> *Sein Leben war das eines Menschen;*
> *er erniedrigte sich und war gehorsam*
> *bis zum Tod, bis zum Tod am Kreuz …"*
>
> (Philipper 2,1ff)

Gottes Weg ist der Weg nach unten: Nur im Verzicht auf seine „Gottgleichheit" konnte Christus sich auf Augenhöhe mit uns begeben. In der Verlassenheit am Kreuz erreicht dieser Abstieg aus Liebe sozusagen den tiefsten Punkt – und die Liebe ihr Maximum: „Es gibt keine größere Liebe …" (Johannes 15,13). Chiara kommentiert:

> „Es ist schwierig, sich vorzustellen, wie Gott über den Menschen denkt. 1949 schrieb ich: ‚Der

Vater, Jesus, Maria, wir. Der Vater hat zugelassen, dass Jesus sich von ihm verlassen fühlte – für uns. Jesus hat die Verlassenheit vom Vater angenommen und auf die Mutter verzichtet – für uns. Maria hat die Verlassenheit Jesu geteilt und nahm den Verlust des Sohnes an – für uns. Alles für uns, als wären wir die Wichtigsten. Zu solchen Verrücktheiten ist die Liebe fähig; deshalb müssen auch wir, wenn Gottes Wille es verlangt, den Vater, Jesus, Maria lassen für die Brüder und Schwestern'" (Lubich, Im Menschen Christus erkennen, 88).

„Zur Liebe gehört, die anderen wertzuschätzen" (Lubich, Ich liebe, 47); ja Liebe macht den anderen groß. Gott hat nicht nur so getan, als wären wir die Wichtigsten, wir waren und sind es für ihn: Er hat uns geliebt „wie sich selbst": In Jesus hat er sich hingegeben für uns; *alles* hat er gegeben:

„Niemand ist ärmer als Jesus am Kreuz: Nachdem fast alle seine Jünger sich davongemacht haben, nachdem er uns seine Mutter gegeben hat,[43] gibt er auch sein Leben für uns und hat den schrecklichen Eindruck, dass der Vater selbst ihn verlässt" (Lubich, PdV, 96-99).

---

43 Chiara denkt hier an Johannes 19,26f: „Als Jesus die Mutter sah und bei ihr den Jünger, den er liebte, sagte er zur Mutter: Frau, siehe, dein Sohn. Dann sagte er zu dem Jünger: Siehe, deine Mutter!"

Im Blick auf ihn, so Chiara, werde um der Liebe zu den Menschen willen jeder Verzicht möglich, gegebenenfalls sogar auf „himmlische Güter"; es könne heißen, „Gott für Gott zu lassen, wie wir sagen, zum Beispiel Gott im Gebet, um uns mit einem Bruder in Not einzumachen; oder Gott in einer eventuellen Inspiration, um frei und leer zu sein für einen anderen, um ihm und seinem Schmerz Raum in uns zu geben".[44]

Wie eine Mutter, wie Maria

In einem an Jesus gerichteten poetischen Gebet aus den 1950er-Jahren schreibt Chiara:

> „Nur für dich soll meine Hand sich rühren,
> dir gehöre jeder Laut meiner Stimme.
> Durch mich armseligen Menschen
> kehre deine Liebe, Herr, zurück
> in die Wüsten der Welt …
> Erhelle, göttliche Weisheit,
> die dunkle Trauer von vielen, von allen.
> Maria leuchte auf" (Lubich, A1, 46).

„Maria leuchte auf" – der überraschende Schluss nimmt Bezug auf etwas, was Chiara als Ruf, als ihre Berufung verstand: sich zu spiegeln in der Mutter Je-

---

44 Bei einem ökumenischen Bischofstreffen, Istanbul, 9.10.1984.

su[45], *dem* Beispiel eines gläubigen, hörenden Menschen, der ganz für Jesus lebt, der die Bedürfnisse der anderen wahrnimmt (wie bei der Hochzeit von Kana, vgl. Johannes 2,1-12), in ihr, die Jesus „zur Welt gebracht hat", ihn, der die Liebe und Barmherzigkeit Gottes verkörpert. Daran knüpft der folgende Text an:

„Im Zentrum der Botschaft Jesu steht die Liebe, und deshalb will er nicht, dass wir andere verurteilen. ‚Richtet nicht', mahnt er und nennt diejenigen ‚selig', die barmherzig sind. Jesus will Barmherzigkeit. Keiner von uns, die wir allesamt Sünder sind, hat das Recht, ‚Steine zu werfen'. Doch auch das Geschöpf, das ohne Sünde war, Maria, die Muttergottes, hätte nie einen Stein geworfen ... Maria liebt die Menschen; zu allen Zeiten haben sich Menschen an sie gewandt. Nach Jesus liebt keiner so wie sie; denn sie ist Mutter. Eine Mutter kann nicht anders als lieben. Und die Liebe einer Mutter zeichnet sich dadurch aus, dass sie ihre Kinder wie sich selbst liebt; denn etwas von ihr lebt in ihnen. Auch wir

---

45 Vgl. Lubich, A1, 41: „Eines Tages betrat ich eine Kirche, und voll Vertrauen wandte ich mich an Jesus: ‚Überall auf Erden bist du in der heiligen Eucharistie gegenwärtig geblieben. Warum hast du, allmächtiger Gott, keinen Weg gefunden, uns auch Maria zu lassen, unser aller Mutter auf dieser Pilgerschaft?' In der Stille glaubte ich seine Antwort zu vernehmen: ‚Ich habe sie euch nicht gelassen, weil ich sie in dir aufs Neue sehen möchte' ... Du, ihr alle werdet mit der Liebe einer Mutter eure Arme und Herzen für die Menschheit öffnen ... Jetzt kommt es euch zu, Schmerzen zu lindern, Wunden zu heilen und Tränen zu trocknen."

finden etwas von uns in den anderen wieder. Denn Jesus lebt in uns wie in den anderen. Begegnen wir jedem Menschen, als wären wir seine Mutter" (Lubich, Gemeinsam unterwegs, 74f).

Die Liebe dieser Mutter gelte allen, sie sei „der Liebe Christi ähnlich, von der Paulus spricht":

> „Wenn wir das Herz dieser Mutter haben, werden wir alle lieben, nicht nur die Mitglieder unserer Kirche, sondern auch die anderen. Nicht nur Christen, sondern auch Muslime, Buddhisten, Hindus usw. Auch die ‚Menschen guten Willens', jeden Menschen auf dieser Erde; denn die Mutterschaft Mariens ist universal (vgl. LG 79), so wie die Erlösung universal ist" (Lubich, Conversazioni, 288).

Papst Franziskus hat es in ebenso einfachen wie schönen Worten so ausgedrückt:

> „Jedes Mal, wenn wir auf Maria schauen, glauben wir wieder an das Revolutionäre der Zärtlichkeit und der Liebe" (Franziskus, EG 288).

Maria, das ist auch die „schmerzhafte Mutter", die unterm Kreuz ihres Sohnes ohnmächtig miterleben muss, wie er hingerichtet wird. „Frau" nennt er sie und vertraut sie Johannes an, und diesen ihr, als seiner Mutter (vgl. Johannes 19,26f). *Maria Desolata*, wie Chiara sie nennt, verkörpert eine Form der Nähe, die manchmal die letzte, die äußerste ist: Nähe im bloßen Dasein, Nähe auch da, wo wir einen anderen Menschen nicht halten können.

„Auch uns kann es ähnlich ergehen wie Maria, die ihren Sohn verliert: Ohnmächtig stehen wir vor einem Menschen, der am Kreuz hängt; wir können ihm weder das seelische noch das körperliche Leid abnehmen, das ihn an den Rand der Verzweiflung führt. Am liebsten würden wir selbst an seiner Stelle leiden, doch untätig müssen wir miterleben, ‚wie das Weizenkorn stirbt‘. Es bleibt nur die Zuversicht, dass es keimen und Frucht bringen wird (vgl. Johannes 12,24f). Doch jetzt stehen wir machtlos dabei und leiden mit dem anderen mit. Für ihn, den wir lieben, ist dies kein Trost, doch gewiss gelangt unser Mitleiden geradewegs zu Gott – als inständige Bitte um Erbarmen mit uns ... Ohnmächtig dabeistehen ... Maria, du bist unsre Mutter und kennst uns. Du kennst solchen Schmerz. Schenke Erleichterung dem, der leidet. Hilf du, dass die Stunde der Erlösung bald kommt" (Lubich, AB, 59).

Nie war Maria Jesus näher, nie ihm ähnlicher, der selber am Kreuz die Gottferne durchlebt, um uns in jedweder Situation nahe zu sein.

„Unterscheidung" in der größten Nähe

Chiaras Spiritualität hat zwei Brennpunkte: „Jesus der Verlassene und die Einheit"[46] – zum einen die Liebe des gekreuzigten und verlassenen Jesus als höchster Ausdruck der Liebe Gottes und (als Antwort) unsere Liebe zu ihm; zum anderen die Ausrichtung auf „Jesu Vermächtnis" (A1, 32): „Alle sollen eins sein" (Johannes 17,21). Wie in einer Kurzformel formuliert Chiara, „der verlassene Jesus" sei „der Schlüssel" zur Einheit. „Und ich, wenn ich über die Erde erhöht bin, werde alle zu mir ziehen", heißt es im Johannesevangelium (12,32).

Nächstenliebe ist sozusagen verortet zwischen diesen beiden Polen; Chiara spricht von „zwei Seiten einer Medaille", deren „Durchmesser" das ganze Evangelium ist: Liebe, lebendige Liebe, gelebte Nähe.

Am Kreuz, in seinem Schrei „Mein Gott, mein Gott, warum hast du mich verlassen" (Markus 15,34; Matthäus 27,46), ist Jesus in die tiefsten Abgründe hinabgestiegen. So tief, dass keine noch so verzweifelte Situation denkbar ist, in der er uns nicht nahe wäre. Er identifiziert sich mit uns, ja er wird für uns „zur Sünde" (vgl. 2 Korinther 5,21). Selbst in der Gottferne ist Gott uns nah im Gekreuzigten und Verlassenen.

Hier ist nicht der Ort, den Intuitionen von Chiara über das Geschehen am Kreuz tiefer nachzugehen,

---

46 So auch der Titel einer ihrer Publikationen (München 1985).

über jenen Moment, in dem Gott uns nahe gekommen ist, wie es näher nicht geht. Nur einige Andeutungen: Chiara weist darauf hin, dass der Vater und Jesus gerade da ganz eins waren (pure Liebe) und *gleichzeitig* ganz „fern" voneinander („Mein Gott, mein Gott, warum hast du mich verlassen?"). *In der größten Nähe geschieht „Unterscheidung";* Einheit hebt die Andersheit nicht auf, im Gegenteil:

> „Einheit und Unterscheidung, Einheit und Verschiedenheit schließen einander nicht aus, sondern können Hand in Hand gehen, ja sich sogar gegenseitig verstärken ..."[47]

> „Durch das Geschenk der Einheit, in Jesus und durch Jesus, trägt jeder auch die anderen in sich"[48] – Einheit und Andersheit, vermeintliche Gegensätze, sind gewissermaßen „ineinander".

Chiara verwendet den Ausdruck „nach Art der Trinität", „um die in Liebe gelebten menschlichen Beziehungen zu beschreiben" – nicht im Sinne einer Orientierung an einem göttlichen Modell, denn solche Einheit ist bei aller Bemühung nicht machbar, sondern Geschenk, das freilich unsere Offenheit verlangt.[49]

---

47 So heißt es in einem Beitrag von Lucia Abignente, Stefan Tobler und Hubertus Blaumeiser über „Einheit und Verschiedenheit" in der mystischen Erfahrung von Chiara Lubich, in: Dreifaltige Einheit, 65-96, Zitat S. 65. Zur Vertiefung vgl. auch die anderen Beiträge dieser Publikation.
48 Ebd., 86.
49 Ebd., 86f.

Kurz, Nähe leben nach Gottes Stil ist niemals ein Weg in die Uniformität. Nähe leben nach Gottes Stil beinhaltet Freiheit und Freilassen: „Alles, was frei ist, ist im Keim bereits christlich" (A1, 285). Nähe leben nach Gottes Stil beinhaltet auch das Ja dazu, dass der andere mir, solange wir hier auf Erden unterwegs sind, in seiner *Fremdheit* begegnet, sich mir auch entzieht und mir immer wieder entzogen ist.

Wir werden einen anderen Menschen nie ganz in uns „aufnehmen" können; nie haben wir ihn „entschlüsselt"; nie werden wir ihn erfasst haben. Keine vollständige DNA-Analyse, kein Wissen um sein Persönlichkeitsprofil, keine biografischen Kenntnisse, etwa aus der Kindheit oder sonstige prägende Erfahrungen ... – nichts von alledem und auch nicht all das zusammen sagen mir, wer der andere ist. Es mag helfen, mehr zu verstehen, warum er so oder so agiert oder reagiert. Aber es erklärt mir nicht ihn in seinem Selbst-Sein.
Vielleicht spielen auch ganz banale Dinge in seine momentanen Befindlichkeiten und sein mir schwer verständliches Verhalten hinein: schlecht geschlafen, gesundheitliche Faktoren, Schmerzen, was auch immer. Wie oft wissen wir selbst nicht, „was mit uns ist". Es ist klug und weise, nicht zu urteilen. Und es ist gut, sich innerlich zurückzulehnen und unser Gegenüber so zu nehmen und anzunehmen, wie es ist: als Du, das nicht mir gehört, das anders ist und sein darf. Mit möglichst offenem Herzen, im gemeinsamen Unterwegssein.

Auch „im Paradies", und dies ist die wunderbare letzte Perspektive, die sich bei Chiara auftut, wird es keine Uniformität geben, sondern ein Unterwegssein im immer neuen Schenken und Beschenkt-Werden. Nicht ewige Ruhe, sondern ewige Dynamik der Liebe: dreifaltiges Leben.

Die Einheit „im Paradies", von der wir in der gelebten Nähe einen Vorgeschmack haben können, hebt „die Einzigartigkeit und die spezifische Würde des Einzelnen nicht auf, sondern verstärkt sie als Geschenk für andere. Jede menschliche Person ist ja ... eine der zahllosen Ausdrucksweisen Gottes, eines seiner ‚Worte', eine der ‚Klangfarben', mit denen er ‚Liebe' sagt. Darin gründet im Letzten ihre Einzigartigkeit. Zugleich gilt, dass sie als Ausdruck der Liebe nur in der Hingabe und in der Beziehung zu anderen sie selbst sein kann".[50] Offenheit, Mit-Leiden und Hingabe, Teilhaben und Teilgeben – all das gehört zu jener Nähe, die gerade in unserer Zeit, in unserer Welt so sehr vonnöten ist. Es ist ein Lebensstil, in dem das Verlangen nach Individualität und der Wunsch nach Gemeinschaft auf ganz eigene Weise zusammenfinden.

Gelesen auf der Folie des Themas „Nähe" erschließt sich die folgende, im Herbst 1949 in mystischer Diktion verfasste Schrift Chiaras nochmals neu:

„Ich habe nur einen Bräutigam *[welche Nähe!]* auf Erden: Jesus in seiner Verlassenheit. Ich habe keinen Gott außer ihm. In ihm ist der ganze Himmel mit der Dreifaltigkeit und die ganze Erde mit der Menschheit. Was sein ist, ist darum mein, sonst nichts. Und sein ist der Schmerz der ganzen Welt *[wieder: welche Nähe!]* – und deshalb

---

50 A.a.O., 93.

auch mein *[!]*. Ich werde durch die Welt gehen und ihn suchen in jedem Augenblick meines Lebens … So trockne ich das Wasser der Trübsal in den Herzen vieler, die mir nahe *[!]* sind, und durch die Gemeinschaft mit meinem allmächtigen Bräutigam auch in solchen, die fern von mir sind *[!]*" (Lubich, A1, 27f; Sehnsucht 115f).

Da sein, wo *er* ist, das ist „gelebte Nähe nach Gottes Stil". So wollte Chiara „der Welt bezeugen, dass Jesus der Verlassene jede Leere ausgefüllt, jede Finsternis erleuchtet, jede Einsamkeit begleitet, jeden Schmerz beseitigt und jede Schuld getilgt hat" (A1, 26).

Und sie sprach davon, den gekreuzigten und verlassenen Jesus „trösten" zu wollen. Es klingt allzu gewagt, ja verwegen, aber Gottes Liebe reicht so tief, *dass er uns die Würde verleiht, ihn selbst zu lieben.* – Wie könnten wir?! Indem wir ihn leben lassen in uns, unter uns. Wenn wir einander lieben, „wird Jesus mitten unter uns sein [vgl. Matthäus 18,20], und er wird unsere gekreuzigte Liebe trösten" (Lubich, Lettere 1939–1960, 385).

In Jesu Wort „… das habt ihr mir getan" hört Chiara „Jesus den Verlassenen". Sein Schrei hallt wider im Schrei der Armen, der Leidenden, der Hoffnungslosen, der von Krieg und Ungerechtigkeit Geplagten. Auch im „Schrei der Erde", einer zunehmend zerstörten Natur. Nächstenliebe gewinnt Weltdimension. Wie, das soll im folgenden Kapitel angerissen werden anhand einiger Themen, die uns derzeit umtreiben.

III
KONKRETISIERUNGEN
IN EINER GLOBALISIERTEN WELT

Wir brauchen eine „Kultur der Nähe" auf breiter Front: Die Probleme der Menschheit, die ökologischen, wirtschaftlichen, technologischen Entwicklungen und Herausforderungen rufen förmlich nach gelebter Nähe. Papst Franziskus spricht von „sozialer Freundschaft", von „politischer Nächstenliebe". Chiara Lubich betont, wie wichtig es ist, über den Tellerrand zu blicken, eine weltweite Geschwisterlichkeit anzuzielen. Nächstenliebe hat mehr denn je universale Dimensionen, denn die Welt ist längst zum „globalen Dorf" geworden.

Geplatzte Träume? Ja, gerade deshalb ...

Dieses Dorf aber ist voller Spannungen. Wir leben in einer Welt hochkomplexer Zusammenhänge und beunruhigender Entwicklungen, mit denen so kaum jemand gerechnet hat: Vieles scheint aus dem Ruder gelaufen. Eine in Vielfalt geeinte Welt ist in unabsehbare Ferne weggerutscht; die Euphorie nach dem Ende des Kalten Krieges ist verflogen. Einheit ist, nüchtern betrachtet, nicht mehr „Zeichen unserer Zeit", auch wenn trotz aller Krisen manche Bemühungen weiter Früchte tragen: Die Europäische Union, die bei allen Defiziten doch so wichtigen Vereinten Nationen, interreligiöse Beziehungen und ökumenische Kontakte sind Gott sei Dank keineswegs bloße Vergangenheit. Dennoch bleibt zu konstatieren: Viele Hoffnungen haben sich nicht erfüllt, manche sind zerronnen, weithin hat sich eine schmerzliche Desillusionierung breitgemacht. Papst Franziskus spricht von „geplatzten Träumen" und schreibt:

> „Jahrzehntelang schien es, dass die Welt aus so vielen Kriegen und Katastrophen gelernt hätte und sich langsam auf verschiedene Formen der Integration hinbewegen würde ... Doch die Geschichte liefert Indizien für einen Rückschritt. Unzeitgemäße Konflikte brechen aus, die man überwunden glaubte. Verbohrte, übertriebene, wütende und aggressive Nationalismen leben wieder auf. In verschiedenen Ländern geht eine von gewissen Ideologien durchdrungene Idee des Volkes und der Nation mit neuen Formen des Egoismus und des Verlusts des Sozialempfindens einher, die hinter einer vermeintlichen Verteidigung der nationalen Interessen versteckt werden" (FT 10f).

Atemberaubende Veränderungsprozesse kommen hinzu.[51] Ein starkes Bewusstsein unserer Zusammengehörigkeit in der einen Menschheit wäre nötig, die ausdrückliche Anerkennung der Würde jedes Einzelnen und ein neues „weltweites Streben nach Geschwisterlichkeit", doch wir beobachten, so Franziskus, „eine Unfähigkeit zu einem gemeinsamen Handeln".

> „Trotz aller Vernetzung ist eine Zersplitterung eingetreten, die es erheblich erschwert hat, die Probleme, die alle betreffen, zu lösen. Wenn einer meint, dass es nur um ein besseres Funktionieren dessen geht, was wir schon gemacht haben, oder dass die einzige Botschaft darin besteht, die bereits vorhandenen Systeme und Regeln zu verbessern, dann ist er auf dem Holzweg" (Franziskus, FT 7).

Dennoch: Wir müssen, wir dürfen die Vision einer anderen Welt nicht aufgeben. Gerade jetzt nicht. In prophetischen Worten voller Kraft, die an Martin Luther Kings „I have a dream" erinnern, schreibt Franziskus:

> „Träumen wir ... als Weggefährten von gleichem menschlichen Fleisch, als Kinder der gleichen Erde, die uns alle beherbergt, jeden mit dem Reichtum seines Glaubens oder seiner

---

51 Vgl. hierzu z. B. Christian Stöcker, Die Große Beschleunigung. Klimawandel, Digitalisierung, Wirtschaftswachstum – wie wir uns in einer sich exponentiell verändernden Welt behaupten können, München 2022.

Überzeugungen, jeden mit seiner eigenen Stimme, alles Brüder und Schwestern" (FT 8).

Es ist der Traum „von einer Zukunft, die mit dem Begriff ‚geeinte Welt' ausgedrückt werden könnte", wie Chiara in einer Rede bei den Vereinten Nationen sagte.[52] Wir sollen ihn am helllichten Tag träumen und gemeinsam verfolgen; denn es ist nicht weniger als Gottes Traum, Jesu Vermächtnis, wie Chiara betont:

> „Vielleicht erscheint es wie ein Traum. Und doch sollen die Beziehungen zwischen den Völkern von der gegenseitigen Liebe geprägt sein wie die Beziehungen unter einzelnen Menschen"
> (Lubich, Sehnsucht, 255).

Sie selbst stellte sich die Frage, ob eine universale Geschwisterlichkeit nicht eine Utopie sei:

> „Ein utopischer Traum? Für alle, die nur auf ihre eigenen Kräfte setzen, ist es das ganz bestimmt! Wer aber auf den baut, der die Geschichte der Menschheit lenkt, für den ist kein Traum unmöglich" (Lubich, Sehnsucht 276).

Auf Gott bauen, das heißt auch: Vertrauen haben auf ihn, der in uns und unter uns leben und wirken will. Die Kraft der Gemeinschaft ist nicht zu unterschätzen, wie auch Franziskus betont:

---

52 New York, 28.5.1997, in: Impulse, 28.

„Es braucht eine Gemeinschaft, die uns unter-
stützt, die uns hilft und in der wir uns gegenseitig helfen, nach vorne zu schauen. Wie wichtig
ist es, gemeinsam zu träumen! ... Allein steht
man in der Gefahr der Illusion, die einen etwas
sehen lässt, das gar nicht da ist; zusammen jedoch entwickelt man Träume" (FT 8).

Gewiss, angesichts dramatischer Rückschritte auf
dem Weg zu diesem Ziel klingt „ein Plan mit großen
Zielen für die Entwicklung der Menschheit" heute tatsächlich „wie eine Verrücktheit. Es vergrößern sich
die Abstände zwischen uns, und der harte und schlep-
pende Weg zu einer geeinten und gerechteren Welt
erleidet einen neuen und drastischen Rückschlag".
Umso mehr müssten wir „das Bewusstsein dafür
schärfen, dass wir die Probleme unserer Zeit nur gemeinsam oder gar nicht bewältigen werden" (Franziskus, FT 16, 137); denn wir sitzen „alle im gleichen Boot"
(FT 30). Über alle Ländergrenzen hinweg brauchen wir
ein „Wir-Gefühl", einen „Geist der Nachbarschaft":

„In einigen ... Gegenden ist der Geist der ‚Nachbarschaft' noch lebendig, wo sich jeder spontan
verpflichtet fühlt, seinen Nachbarn zu begleiten
und ihm beizustehen. An diesen Orten, die solche Gemeinschaftswerte bewahren, werden
nachbarschaftliche Beziehungen gelebt, die geprägt sind von Unentgeltlichkeit, Solidarität und
Gegenseitigkeit, die auf ein lokales Wir-Gefühl

zurückgehen. Es wäre wünschenswert, dass so etwas auch unter Nachbarländern gelebt werden könnte" (Franziskus, FT 152).

Chiara brachte es auf die Formel: „Das Land des anderen lieben wie das eigene" (Città Nuova 1988, 12, 30-36).

„Der Tag, an dem die Völker das Gebot der gegenseitigen Liebe leben, wird der Beginn einer neuen Ära sein … Auch die Beziehungen zwischen den Völkern sollten von der gegenseitigen Liebe geprägt sein wie die Beziehungen unter einzelnen Menschen (das Evangelium hat eine unabänderliche Logik!)" (Lubich, A1, 207-209).

Ohne ein neues Bewusstsein für unser aller Zusammengehörigkeit werden wir alle verlieren. Das ist kein Alarmismus, sondern ein realistischer Blick auf die Gegebenheiten. Nationalismen, Gruppenegoismen, Rückzüge ins Eigene verkennen den Ernst der Lage. Wir müssen uns neu bewusst werden, „was ein Mensch wert ist" – jeder Mensch auf dieser Erde, wie Franziskus eindringlich formuliert:

„Um auf dem Weg des freundschaftlichen Umgangs in der Gesellschaft und der universalen Geschwisterlichkeit voranzukommen, muss es zu einer grundlegenden, wesentlichen Erkenntnis kommen: Es muss ein Bewusstsein dafür entstehen, was ein Mensch wert ist, immer und unter allen Umständen … Jeder Mensch hat das

Recht, in Würde zu leben und sich voll zu entwickeln ... Wenn dieses elementare Prinzip nicht gewahrt wird, gibt es keine Zukunft, weder für die Geschwisterlichkeit noch für das Überleben der Menschheit" (FT 107f).

Abermals wird deutlich, wie wichtig eine Vergewisserung darüber ist, *wer für uns der Mensch ist*: Es ist entscheidend für die Weichenstellungen auf allen Gebieten. Und es ist ein elementarer Akt der Nächstenliebe, die Würde des Menschen hochzuhalten, zu bestehen auf den Menschenrechten.

Häufig ist in jüngster Zeit von Politikern wie in der Presse, aber auch im Alltag zu hören, dass die Zeiten für allzu moralisches Handeln vorbei seien; auch Verweise aufs Völkerrecht seien aus der Zeit gefallen. „Moral" wird madig gemacht, „Menschenrechte" sollen nicht mehr allgemeingültig sein, und Menschen, die darauf pochen, werden als naiv verhöhnt. Doch das ist falsch und fatal: Wer das tut, sägt am Ast, auf dem er selbst und wir alle sitzen. Wir alle leben ohne Ausnahme davon, dass ethische Maßstäbe gelten, dass möglichst alle möglichst konsequent versuchen, verantwortlich zu handeln: „moralisch" eben. Unmoralisch will keiner behandelt werden. Nein, es gibt kein Zuviel an Moral. Es gibt immer zu wenig. Gewiss, moralisch zu handeln kann sehr schwierig sein. Oft müssen wir darum ringen und abwägen, was das Richtigere ist. Da können unterschiedliche Schwerpunkte gesetzt werden. Aber nie und nimmer unmoralische. Moral madig machen ist dumm und brandgefährlich. In der Politik und in der Zeitung wie im Alltag. Sonst wird klammheimlich das Fundament menschlichen Lebens und Zusammenlebens unterhöhlt. Franziskus spricht von „nicht verhandelbaren", „universell gültigen

sittlichen Grundprinzipien", die durchaus „zu unterschiedlichen praktischen Normen führen können", sodass „immer Raum für den Dialog" bleibt (FT 214). Gerade wenn gerungen werden muss um das richtige Handeln, ist die Moral hochzuhalten. Alles andere führt in wachsende Unmenschlichkeit. Gesucht sind Menschen, die in ihren Entscheidungen, in ihrem Reden, Denken und Handeln das große Anliegen einer menschlicheren Welt im Blick behalten. Die sich mutig zu Wort melden, wo dies nicht geschieht.
Auch das Gespräch über solche Themen kann helfen, nicht in um sich greifende Denkmuster zu verfallen oder populistischen Phrasen auf den Leim zu gehen.

Die „goldene Regel" ist und bleibt eine universell gültige Richtschnur. Sie sollte für unser Verhalten allen gegenüber gelten: eine große Herausforderung. Es mag so einfach erscheinen, „doch welche Verhaltensänderung ist da verlangt! Wie weit ist unser gewöhnliches Denken und Handeln davon entfernt", bemerkt Chiara und ermutigt:

> „Manchmal lassen wir vielleicht nach, sind versucht aufzugeben. Aber nein, nur Mut! Gott schenkt uns seine Gnade. Fangen wir immer wieder neu an. Wenn wir durchhalten, werden wir langsam sehen, wie sich die Welt um uns herum verändert" (PdV, 103-105).

Immer neu anfangen, ohne den Mut zu verlieren ...
Die Geschichte ist keine lineare Aufwärtsbewegung. Durchgänge durch Negativerfahrungen gehören dazu, spirituell gewendet: Es braucht das je neue Ja zu

Jesus, dem Gekreuzigten und Verlassenen, dessen Antlitz uns in allem Schmerzlichen begegnet.

> „In ihm [dem gekreuzigten und verlassenen Jesus] ist jeder geistige Reichtum verborgen, der die Menschheit verwandeln und ihr auch da Hoffnung geben kann, wo es keinen Grund zur Hoffnung mehr zu geben scheint; denn niemand hat so gehofft wie er. Er, der schon alles in sich vereint hat, wartet darauf, dass wir ihm folgen" (Lubich, Der Schrei, 98).

Die Kirche und die ganze Welt durchleben, so sah Chiara es bei aller Betonung positiver Entwicklungen im Grunde schon damals sehr nüchtern, „eine dramatische Zeit". Und was die Menschheit durchlebt, das empfand sie als „Ihres", als Eigenes, so sehr, dass sie sich gewissermaßen damit identifizierte. 1949, in jener Zeit mystischer Erfahrung, notierte sie, sie nehme in sich „das Leben aller Geschöpfe der Welt" wahr:

> „Wirklich: Denn mein Ich ist die Menschheit mit allen Menschen, die waren, die sind und die sein werden. Diese Wirklichkeit nehme ich wahr und lebe ich; denn ich empfinde in mir sowohl die Freude des Himmels als auch die verzweifelte Angst der Menschheit, die ein einziger großer Verlassener Jesus ist" (6.9.1949, zit. in Vicinanza, 53).

* * *

Nächste, das sind auch die nächsten Generationen. Wir können nicht leben nach dem Motto „Nach mir die Sintflut". Wenn Chiaras Blick über diese Weltzeit hinausgeht, so ist das für sie ein Anstoß mehr für ein verantwortungsbewusstes Leben hier – für eine menschenwürdige Zukunft:

> „Die Verbundenheit mit der Menschheit aller Zeiten, die Liebe zu den anderen wie zu sich selbst, das ist für die Christen die Triebfeder, heute die Voraussetzungen zu schaffen für ein besseres Morgen. Das andere Leben im Blick haben und jetzt entsprechend leben – mit einer Liebe, die allen gilt –, das ist nicht nur der Weg, um echte Christen zu werden, sondern auch authentische Menschen. Und gerade dies entspricht den Erwartungen unserer Zeit und der heutigen Gesellschaft. Vor allem aber den Erwartungen Gottes" (Sehnsucht, 268).

Die innerste Motivation: Motiv für Zusammenarbeit

Eine jede, ein jeder ist gerufen, sich einzubringen, Nähe zu leben, teilzunehmen am Lebensalltag, an der Lebenswirklichkeit der vielen. Wie schon gesagt: dort, wo er steht, im Rahmen seiner Möglichkeiten, aber mit einem Herzen für alle. Chiaras innerste Motivation ist dabei die Liebe zum gekreuzigten und verlassenen Jesus: Ihm begegnet sie im Leiden einzelner Brüder und Schwestern wie auch in einer „vielfach zerrissenen", von Gewalt gezeichneten Welt. Aus Liebe zu ihm hält sie fest am „leidenschaftlichen" Einsatz für eine menschlichere, geeintere Welt. Und aus Liebe zu ihm setzt sie auf die Zusammenarbeit mit anderen, die sich für das gleiche Anliegen engagieren:

> „Der verlassene Jesus, den zu lieben wir gerufen sind, zeigt sich uns nicht zuletzt in unserer vielfach zerrissenen Welt und in den oftmals gewaltsamen Auseinandersetzungen. Und doch ist jedem Menschen gleichsam wie seine DNA die Sehnsucht nach einer universalen Geschwisterlichkeit eingeschrieben. Christus ist auf die Erde gekommen, um die Einheit wiederherzustellen. *Und darum ist es unsere Leidenschaft, aus Liebe zu ihm, dem verlassenen Jesus, uns zusammen mit vielen anderen für die universale Geschwisterlichkeit zu engagieren*" (Lubich, Der Schrei, 86).

„Zusammen mit vielen anderen", schreibt Chiara. Dies betont auch Franziskus:

> „Sorge tragen für die Welt, die uns umgibt und uns erhält, bedeutet Sorge tragen für uns selbst. Wir müssen uns aber zusammenschließen in einem ‚Wir', welches das gemeinsame Haus bewohnt" (FT 17).

In den vielen humanitären Organisationen und Institutionen der UN, der Kirchen, in NGOs, Menschenrechts- und Umweltschutzorganisationen und -initiativen, in interreligiösen Initiativen, in Einrichtungen wie dem sogenannten Alternativen Nobelpreis[53] u. a. kann man ein „Wehen des Gottesgeistes" sehen.[54] Überall, wo Menschen, wo Gruppen, wo Organisationen, wo ein Staatswesen, wo die Vereinten Nationen sich bemühen, den Menschen in den Mittelpunkt zu stellen, kommt jene Liebe zum Zug, die Jesus im Gleichnis vom barmherzigen Samariter vor Augen führt und nahelegt: „Geh und handle ebenso!" Überall da wird „der Menschensohn" sagen: „Das habt ihr mir getan!"

Dem Engagement „eine Seele geben"

Verschiedentlich hat Chiara dazu eingeladen, den vielfältigen Initiativen „eine Seele" zu geben. In einer Grußbotschaft an junge Leute, die sich für eine geeinte Welt einsetzen, schrieb sie, „der entscheidende Beitrag", den sie geben könnten, sei es, allem „eine Seele zu geben":

---

53 Dieser seit 1980 existierende Preis (Right Livelihood Award) würdigt Einzelne, Organisationen und Repräsentanten sozialer Bewegungen, die sich für praktische Lösungen und Modelle für eine menschenwürdige Lebensgrundlage aller engagieren – in diversen Bereichen: Umwelt, Frieden und Abrüstung, Menschenrechte, Kultur und Spiritualität etc.
54 Auch aus der Fokolar-Bewegung selbst sind auf Anregung von Chiara einige Initiativen hervorgegangen, s. unten S. 164, 207f.

„... und diese Seele ist die Liebe. Entfesselt in eurer Umgebung, in den Ländern, wo ihr lebt, eine Revolution der Liebe".[55]

Und wieder wies sie darauf hin, dass es darum gehe, „Liebe zu sein". Auch der Papst (seinerzeit Johannes Paul II.) habe das unterstrichen:

„Seid euch bewusst ..., dass der Weg zu einer geeinten Welt ... auf dem Aufbau solidarischer Beziehungen beruht, und Solidarität hat ihre Wurzel in der Liebe. Baut also Beziehungen der Einheit auf, die ihre Wurzel in der Liebe haben (Johannes Paul II)."[56]

Zuallererst ist es eine Anfrage an einen selbst, ob bzw. inwieweit das eigene Tun von der Liebe „beseelt" ist. Überforderung, Ermüdung, Routine, auch Ernüchterung können sich breitmachen. Wir tun gut daran zu sehen, wie viel uneigennützige Liebe immer noch hinter all dem humanitären Engagement steht, wie viel Idealismus, welch bewundernswerte Hingabe, nicht selten gepaart mit hohem persönlichen Risiko. Das Motto der Caritas („Nah am Nächsten") wird von ungezählten Menschen gelebt, und was Jesus über den

---

55 Botschaft vom 26.4.1998, vgl. Vicinanza, 163. – So sah Chiara es z. B. auch als besondere Aufgabe der neuen geistlichen Bewegungen und Gemeinschaften an, Europa „eine Seele zu geben" (in einem Impulsreferat, Innsbruck, 9.11.2001, in: Impulse, 159).
56 Chiara zitiert aus der Ansprache von Johannes Paul II. beim „Genfest '90"; vgl. Vicinanza, 163.

Glauben eines heidnischen Hauptmanns sagte: „Ich sage euch: Einen solchen Glauben habe ich in Israel nicht gefunden" (Lukas 7,9), das ließe sich auch über so manches Engagement von Menschen jeder Glaubensrichtung und Weltanschauung sagen: wie viel Einsatz für andere, für Benachteiligte, für eine menschenwürdige Zukunft, auch außerhalb der Kirchen. All dieses Positive solle man sehen, so Chiara:

> „Liebe zu allen Menschen …, das Positive in allen Völkern entdecken und beitragen zum Frieden und zur universalen Geschwisterlichkeit …; die guten Bestrebungen aller Menschen verstehen, auch derer, die Christus nicht kennen" (Lubich, AB, 50f).

Gemeinsam können wir Sorge tragen für die Welt, uns zusammentun in jenem großen „Wir", von dem Papst Franziskus schreibt. Den Menschen immer wieder in den Mittelpunkt zu stellen, das ist eine Aufgabe, die Zusammenarbeit und Wertschätzung braucht. Wenn dabei unterschiedliche Schwerpunkte gesetzt werden, wenn die einen diesen, die anderen jenen Aspekt besonders im Blick haben, ist das nur positiv. Auch im humanitären Engagement, im Dienst am Menschen, im Suchen nach adäquaten Wegen gilt es, Unterschiede auszuhalten, die guten Absichten zu sehen, gegebenenfalls auch miteinander zu ringen. Wenn Pazifisten und Frauenrechtlerinnen, Öko-Aktivisten und eher Konservative, denen ebenfalls an menschlichen Werten liegt, sich als ein „Wir" begreifen, wäre viel gewonnen. „Die guten Bestrebungen aller verstehen", sie verstehen *wollen*, das ist ein wichtiger Impuls angesichts wachsender Polarisierungen.

Chiara hat sich bei diversen Gelegenheiten für ein lebendiges Miteinander starkgemacht: ein Miteinander von Konfessionen, Religionen, Gruppierungen und Gemeinschaften. Sie hat dafür auch in Reden vor Politikerinnen und Politikern geworben, im Europaparlament und bei der UNO. Immer wieder hob sie dabei die Bedeutung der Liebe zum Nächsten, die gegenseitige Liebe auf breiter Ebene als *den* Schlüssel zur Lösung der Probleme unserer Welt hervor.[57] Selbst wenn wir nicht wissen, ob es in dieser Weltzeit jemals eine „geeinte Welt" geben wird,[58] so bleibt uns dennoch aufgegeben, am „Reich Gottes", an einer Welt im Sinne des Schöpfers und Vaters aller mitzuwirken. Gerade

---

57 Vgl. Impulse mit Breitenwirkung, passim.
58 Eine persönliche Anmerkung. Als junger Student, gepackt vom „Ideal der Einheit", war ich nachhaltig irritiert von einer Predigt eines geschätzten Theologieprofessors über das Jesuswort: „Wird der Menschensohn, wenn er kommt, (noch) Glauben auf der Erde vorfinden?" (Lukas 18,8). Gibt es eine innerweltliche „Erfolgsgeschichte"? Wächst die Zahl der Glaubenden? Geht die Welt, die Menschheit wirklich auf die Einheit zu? – Ob und wie das Reich Gottes wächst, darüber zu befinden steht uns nicht zu. Fragen dürfen offenbar *offen* bleiben, wenn selbst Jesus mit Fragen lebte und sein eigenes Leben eine andere Wendung nahm, als er es wohl anfangs erhofft hatte. Menschen können eben immer auch unmenschlich agieren. Die Bibel erzählt davon in der Geschichte vom „Sündenfall" und in vielen Beispielen von Versagen und Scheitern, von Schuld und Sünde. Aber all dies, so die ermutigende Zusage, hat nicht das letzte Wort, jedenfalls nicht am Ende: „Gott wird alles in allem sein" (vgl. 1 Korinther 15,28).

zeitweilige Rückschritte, so Papst Franziskus, erinnern uns daran,

> „dass jede Generation sich die Kämpfe und die
> Errungenschaften der früheren Generationen zu
> eigen machen und sie zu noch höheren Zielen
> führen muss. Das ist der Weg. Das Gute, ebenso
> wie die Liebe, die Gerechtigkeit und die Solida-
> rität erlangt man nicht ein für alle Male; sie müs-
> sen jeden Tag neu errungen werden. Unmöglich
> kann man sich mit dem zufriedengeben, was
> man in der Vergangenheit erreicht hat, und dabei
> verweilen, es zu genießen, als würden wir nicht
> merken, dass viele unserer Brüder und Schwes-
> tern unter Situationen der Ungerechtigkeit leiden,
> die uns alle angehen" (Franziskus, FT 11).

Armut und Ungleichheit. Ökonomische Aspekte

Alle 13 Sekunden stirbt ein Kind an Hunger. An
Hunger leiden weltweit derzeit weit über 700 Millionen Menschen, fast zehn Mal so viele wie Deutschland Einwohner hat. Das Ziel der UN, bis 2030 Hunger
und Unterernährung zu besiegen, wird, wenn es so
weitergeht wie in den letzten Jahren, erst Mitte des
nächsten Jahrhunderts erreicht, wenn überhaupt. So
ist die Lage laut Welthungerhilfe im Herbst 2024.[59] Die

---

59 https://www.welthungerhilfe.de/presse/pressemitteilungen/
welthungerhilfe-stellt-welthunger-index-2024-vor

Etats der Entwicklungshilfe werden zurückgefahren: „Wir" haben andere Sorgen. – Wie weit ist dieses „Wir"? Haben wir erfasst, dass es kein abgeschottetes Wir gibt, da wir doch alle längst im selben Boot sitzen, um es mit Franziskus zu sagen?

Große, ja wachsende Ungleichheit gibt es auch in unseren Ländern.[60] Die Zahl der Menschen, die auf Hilfe angewiesen sind, ist gestiegen, ganze Gruppen sind betroffen, zum Beispiel viele Alleinerziehende. Frauen werden bei gleicher Arbeit häufig immer noch schlechter bezahlt als Männer.

An *einem* Hunger mangelt es an vielen Stellen: am Hunger nach Gerechtigkeit. „Selig, die hungern und dürsten nach der Gerechtigkeit; denn sie werden gesättigt werden", sagt Jesus in der Bergpredigt (Matthäus 5,6). Wo es an Gerechtigkeit fehlt, hat dies auf Dauer massive Konsequenzen, wie Chiara in einem Kommentar zu diesem Wort anmerkt:

> „Der Wunsch und das Streben nach Gerechtigkeit sind dem Menschen seit jeher ins Gewissen geschrieben, Gott selbst hat es ihm ins Herz gelegt. Doch trotz aller Errungenschaften und Fortschritte im Lauf der Geschichte liegt die Verwirklichung dieses göttlichen Plans noch in

---

60 Als statistisches Maß für Ungleichverteilungen dient der sog. Gini-Koeffizient. Die Ungleichheit liegt in Deutschland, in Österreich und in der Schweiz deutlich höher als noch in den 1990er-Jahren (vgl. z. B. https://www.boeckler.de/de/boeckler-impuls-ist-deutschland-ein-ungleiches-land-3658.htm; Iconomix-Tagung, Zürich, 1.9.2023).

weiter Ferne! Die Kriege, die auch heute noch geführt werden, der Terrorismus und die ethnischen Konflikte sind Zeichen von sozialer und wirtschaftlicher Ungleichheit, von Ungerechtigkeit und Hass" (Lubich, PdV, 795f, Vicinanza 173f).

Ungleichheit und Ungerechtigkeit sind mitursächlich für viele Konflikte in der Welt. Es bräuchte andere Mechanismen, ein anderes Ordnungsgefüge, globale Regeln und Kriterien für wirtschaftliches Handeln: ein weites Feld, eine enorme Zukunftsaufgabe. Chiara weist in dem Zusammenhang darauf hin, dass vieles abhänge „von tieferen moralischen und geistigen Einstellungen, von dem Wert, den wir der menschlichen Person beimessen, von der Art und Weise, wie wir andere Menschen betrachten" (ebd.). Dasselbe gelte eben auch für die Wirtschaftsordnung:

> „Die wachsende Unterentwicklung und die Kluft zwischen Arm und Reich, die ungleiche Verteilung der Güter, sind ... auch und vor allem das Ergebnis kultureller und politischer Entscheidungen" (ebd.).

Diese Entscheidungen und Weichenstellungen seien, so Chiara, ein „*fatto umano*", das heißt es sind nicht nur Mechanismen am Werk, auf die kein Mensch Einfluss hat, sondern menschengemachte Dynamiken und Regeln, Denk- und Verhaltensmuster, die – wenn auch mühsam – verändert werden können und müssen.

Diskussionen unter Ökonomen über Sinn, Art und Ziel wirtschaftlichen Wachstums sind ein wichtiges Beispiel dafür; Bemühungen um eine „Gemeinwohl-Ökonomie" u. v. a. m. wären hier zu nennen. Die große Frage ist stets: *Steht der Mensch im Mittelpunkt?*

Ein pointiertes Wort aus der ersten Zeit des Pontifikats von Papst Franziskus ließ aufhorchen: „Diese Wirtschaft tötet" (EG 53). Oft, so Franziskus, würden Menschen wie Material, ja wie Müll behandelt. Die Formulierungen sind drastisch und wollen aufrütteln. Alternative Modelle sind gesucht; ein möglichst menschenwürdiges Leben aller müsste oberster Maßstab sein, wie Papst Franziskus eindringlich mahnt:

„Die Erde ist für alle da, denn wir Menschen kommen alle mit der gleichen Würde auf die Welt. Unterschiede in Hautfarbe, Religion, Fähigkeiten, Herkunft, Wohnort und vielen anderen Bereichen können nicht als Rechtfertigung für die Privilegien einiger zum Nachteil der Rechte aller geltend gemacht oder genutzt werden … In diesem Zusammenhang erinnere ich daran, dass die christliche Tradition das Recht auf Privatbesitz niemals als absolut oder unveräußerlich anerkannt und die soziale Funktion jeder Form von Privateigentum betont hat … Das Recht einiger auf Unternehmens- oder Marktfreiheit kann nicht über den Rechten der Völker und der Würde der Armen stehen und auch nicht über der Achtung für die Schöpfung, denn wenn sich jemand etwas aneignet, dann nur, um es zum Wohl aller zu verwalten" (Franziskus, FT 118.120.122).

Doch „Solidarität ist ein Wort, das nicht immer gefällt; ja, ich würde sagen, wir haben es manchmal sogar zu einer Art Schimpfwort gemacht, das man besser nicht in den Mund nimmt. Aber es ist ein Wort, das sehr viel mehr bedeutet als einige sporadische Gesten der Großzügigkeit. Es bedeutet, dass man im Sinne der Gemeinschaft denkt und handelt, dass man dem Leben aller Vorrang einräumt – und nicht der Aneignung der Güter durch einige wenige. Es bedeutet auch, dass man gegen die strukturellen Ursachen der Armut kämpft: Ungleichheit, das Fehlen von Arbeit, Boden und Wohnung, die Verweigerung der sozialen Rechte und der Arbeitsrechte. Es bedeutet, dass man gegen die zerstörerischen Auswirkungen der Herrschaft des Geldes kämpft" (FT 116).

Ohne einen Bewusstseinswandel wird dies nicht zu bewerkstelligen sein, davon war Chiara überzeugt:

„Ohne Liebe, ohne Respekt vor der Person ... wird es nicht gelingen, die entscheidenden Antworten auf die menschlichen Bedürfnisse zu geben. Ohne Liebe wird es keine wahre Gerechtigkeit geben, keine Aufteilung der Güter zwischen Arm und Reich" (PdV, 795f, Vicinanza 173f).

„Das Ungleichgewicht zwischen armen und reichen Ländern bringt viel Hass und Rachsucht hervor. Der Plan Gottes für die Menschheit sieht etwas ganz anderes vor: Wenn es nach ihm ginge, lebten die Menschen als Geschwister, als Kinder eines Vaters, und die Menschheit wäre eine einzige, große Familie. Unsere Zeit verlangt geradezu nach einer gerechten Verteilung der Güter. Allerdings bewegen sich die Güter nicht, wenn sich nicht die Herzen der Menschen bewegen. Deshalb halte ich es für vorrangig, in allen Völkern – und ganz besonders unter Politikern aller Nationen – das Ideal der Geschwisterlichkeit zu verwurzeln" (Lubich, Sehnsucht, 276).

Es braucht eine innere, eine, wenn man so will, spirituelle Kraft. Umgekehrt braucht es eine Spiritualität, in der die realen Nöte gesehen und angegangen werden. Wie eng bei Chiara beides verbunden ist, das zeigt sich beispielhaft an einem Text über das Magnifikat, den Lobpreis der Mutter Jesu:

„Die Magna Charta der christlichen Soziallehre beginnt mit den Worten Marias im Magnifikat: ‚Er stürzt die Mächtigen vom Thron und erhöht die Niedrigen. Die Hungernden beschenkt er

mit seinen Gaben und lässt die Reichen leer
ausgehen' (Lukas 1,52f). Die größte und umwäl-
zendste ‚Revolution' ist im Evangelium begründet" (Maria. Mutter – Schwester – Vorbild, 23).

Chiara sah darin eine Hoffnung auch für „unsere Zeit,
die so sehr um die Lösung der sozialen Probleme ringt",
in der es darum gehe, eine Gesellschaft aufzubauen, „ in
der das Magnifikat widerhallt" (ebd.).
Auf Chiaras Anregung entstand 1991 in Brasilien
die Initiative „Wirtschaft in Gemeinschaft"[61], der sich
etliche Hundert Unternehmen anschlossen, um benachteiligte Menschen zu unterstützen. Die beteiligten
Unternehmen stellen Teile ihres Gewinns zur Verfü-
gung, um Nöte zu lindern und Strukturen zu schaffen, die eine „Kultur des Gebens" fördern. In dieser
Hinsicht, so mahnte Chiara, sei zu fragen, inwieweit
die konkret Bedürftigen, die Armen, die Geringsten
so im Blick sind, wie es in der Anfangszeit der Fokolar-Bewegung in Trient war: Nur dann sei sie im richtigen Erdreich, in ihrem „charakteristischen Humus",
in dem etwas wachsen könne (vgl. Conversazioni, 432-434).
Wie Chiara sieht auch Franziskus sehr nüchtern,
dass eine bloße *Spiritualität* der Geschwisterlichkeit
nicht genügt. Sie muss konkret werden in vielfältiger
Weise, auch in Formen wie der Unterstützung karita-
tiver, humanitärer Organisationen und Initiativen.

---

61 https://fokolar-bewegung.de/initiativen/
    wirtschaft-gemeinschaft

Und nicht zuletzt ist strukturell anzusetzen; es braucht, so Franziskus, „eine weltweite wirksamere Organisation zur Lösung der drängenden Probleme" (FT 165). Da gibt es nicht nur *den* einen Weg: Es ist eine Suchbewegung, auch institutionell, auch hinsichtlich entsprechender Gesetze und Regulatorien. *Trial and error*, Versuch, Irrtum, Kurskorrekturen werden unweigerlich dazugehören. Wir haben nicht den vorgezeichneten Weg, wie z. B. die Politökonomin und Transformationsforscherin Maja Göpel in Auswertung vieler Ansätze zu betonen nicht müde wird.[62] Nichtstun ist keine Alternative. Eine politische und gesellschaftliche Nächstenliebe verlangt eine Umorientierung, die es nicht ohne Abschiede von Liebgewonnenem, auch von vermeintlichen Sicherheiten gibt. Und da kommt wieder die Liebe ins Spiel: Sie ist die große Kraft für die nötige „Veränderung der Herzen, Gewohnheiten und Lebensstile" (Franziskus, FT 166), bis hinein in unser ganz konkretes Kauf- und Konsumverhalten:

Interessiert uns, was von wem auf welche Weise produziert wird? Mit welchen sozialen und ökologischen Folgen? Lassen wir uns „anständig" produzierte Produkte etwas mehr kosten?

Wo legen wir, falls möglich, unser Geld an?

Spielen diese Aspekte eine Rolle bei unseren Wahlentscheidungen?

---

62 Maja Göpel, Wir können auch anders. Aufbruch in die Welt von morgen, Berlin 2022.

Nächstenliebe hat wie gesagt viele Gesichter. Nach Chiara dürfen wir nie vergessen: *„L'amore non è completo se non è concreto! – Wenn die Liebe nicht konkret ist, fehlt ihr etwas!"* (Lubich, W, 35). Wir alle sind gefordert, als Einzelne, als Gemeinschaften, als Kirchen und Gemeinden vor Ort, in Unternehmen, überall. Jeder kleine Beitrag ist ein Beitrag für eine neue Kultur: eine „Kultur des Gebens", wie Chiara es nannte, als Gegenmodell zu einer Mentalität des (Immer-mehr-)Haben-Wollens:

> „In vielen Ländern setzt man auf das Haben statt auf das Sein; man ,schwimmt' im Konsum mit all seinen Auswirkungen, während in anderen, bevölkerungsreichen Ländern die Menschen erschreckende Not leiden. Ein Motto, das Abhilfe schaffen und ein neues Gleichgewicht herstellen könnte, heißt ,Geben': ,Gebt, dann wird auch euch gegeben werden. In reichem, vollem, gehäuftem, überfließendem Maß wird man euch beschenken' (Lukas 6,38). Geben, eine Kultur des Gebens schaffen und verbreiten!"
> (Lubich, Santi insieme, 102).

Auch in ihrer Rede vor dem Europarat in Straßburg (31. Mai 1999) sprach Chiara über dieses Thema. Sie sei keine Ökonomin, schickte sie voraus, doch da auch dem wirtschaftlichen Agieren eine bestimmte Weltsicht zugrunde liege, wolle sie auf jene Sicht und jenen Lebensstil zu sprechen kommen, der einer „Spiritualität der Einheit" entspreche. Es ist die Vision einer „universalen Geschwisterlichkeit, in der sich die Menschen wie Geschwister verhalten", der Wunsch nach einer „geeinteren Welt", der konkret werden müsse. Als Beispiel erwähnte sie neben sozialen Werken und Initiativen auch, dass in der Fokalar-Bewegung von Anfang an auf unterschiedlichste Weise eine Art Gütergemeinschaft praktiziert wurde (vgl. Discorsi, 125-127). Wie gesagt: Jeder noch so kleine Beitrag trägt dazu bei, eine neue Kultur zu schaffen, eine „Zivilisation der Liebe".

„Den Schrei der Erde hören". Ökologische Aspekte

Neben dem Schrei der Armen, der nicht überhört werden darf, gibt es auch „den Schrei der Erde", so Franziskus. Sie ist „unser gemeinsames Haus", eine Schwester, „mit der wir das Leben teilen", und „wie eine schöne Mutter, die uns in ihre Arme schließt".

„Diese Schwester schreit auf wegen des Schadens, den wir ihr aufgrund des unverantwortlichen Gebrauchs und des Missbrauchs der Güter zufügen, die Gott in sie hineingelegt hat. Wir sind in dem Gedanken aufgewachsen, dass wir ihre Eigentümer und Herrscher seien, berechtigt, sie auszuplündern. Die Gewalt des von der Sünde verletzten menschlichen Herzens wird auch in den Krankheitssymptomen deutlich, die wir im Boden, im Wasser, in der Luft und in den

Lebewesen bemerken. Darum befindet sich unter den am meisten verwahrlosten und misshandelten Armen diese unsere unterdrückte und verwüstete Erde, die ‚seufzt und in Geburtswehen liegt' (Römer 8,22). Wir vergessen, dass wir selber Erde sind" (Franziskus, LS 1f).

„Das ganze materielle Universum ist ein Ausdruck der Liebe Gottes, seiner grenzenlosen Zärtlichkeit uns gegenüber", schreibt Franziskus in der Enzyklika *Laudato si'*; jedes Geschöpf habe seine Funktion darin, keines sei überflüssig (LS 84). Die Aufgabe des Menschen gemäß der biblischen Schöpfungsgeschichten ist eben kein selbstherrliches Herrschen, sondern ein achtsames Hüten. Der Sinn für die Ökologie ist ein elementares Gebot der Selbst- und Nächstenliebe.

Das Bewusstsein für den Wert und Eigenwert der Schöpfung ist in den letzten Jahrzehnten gewachsen – aber längst nicht genug, vor allem was das Handeln betrifft. Die Folgen der Umweltzerstörung, des menschengemachten *Klimawandels*, des *Artensterbens*, der *Verschmutzung von Land, Luft und Ozeanen*, die Franziskus in seiner Umweltenzyklika beim Namen nennt, sind verheerend, jetzt schon für Millionen von „Nächsten", für die künftigen Generationen umso mehr.

Jedes dieser Stichworte verdiente eine eingehende Betrachtung, verbunden mit der Frage, was jede(r), jede Gruppe, jede Gemeinschaft, auch Politik und Wirtschaft, tun können. Die Natur und alles in ihr ist ja

Gottes Schöpfung – und wir Menschen sind *Mitgeschöpfe* in ihr. Deshalb konnte Franz von Assisi alle Kreaturen Schwestern und Brüder nennen: den Mond, die Sonne, das Wasser etc. Als Geschöpf Gottes, sozusagen als seine „Tochter", wie Chiara einmal schrieb, habe die Schöpfung „einen enormen Wert"; alles verdient unsere Achtsamkeit, einen behutsamen Umgang, ja unser Mitgefühl:

> „Sehen wir alle Kreaturen als Geschöpfe desselben Schöpfers, der auch uns geschaffen hat."[63]

> „Ich liebe jedes Wesen, das krank und einsam ist. Selbst die Pflanzen, die leiden, schmerzen mich …, auch die einsamen Tiere."[64]

Chiara sieht die Natur zuallererst in ihrer Verbundenheit mit dem Schöpfer, der sie „am Leben erhält, der ‚unter' der Natur ist"; er verleihe ihr die höchste Schönheit: ihre „Harmonie", „die Einheit zwischen allen Dingen in der Natur", alle verbunden durch den „goldenen Faden" der Liebe. Es ist ein poetisch-mystischer Blick hinter die Dinge:

> „Wenn der Fluss zum Meer fließt, fließt er aus Liebe zum Meer – nicht aus Zufall. Wenn eine Blume blüht, dann blüht sie aus Liebe – nicht aus Zufall. Wenn die Blätter fallen, ist es auch kein Zufall, dass sie fallen, sondern es geschieht

---

63 Ebd.:
64 Aus einem Text vom 1.9.1949, zit. in Vicinanza, 138.

aus Liebe, jener Liebe, die Jesus dem Verlassenen gleicht. Alles in der Natur ... wird von Gott
getragen."[65]

Die Natur ist kein bloßes Objekt, kein „Material", mit
dem wir nach Belieben verfahren könnten. Auch deshalb nicht, weil sie in einer inneren Verbindung mit
dem Schöpfer steht. Aus diesem Blickwinkel wird
umso deutlicher, wie wichtig eine wirkliche Kehrt-
wende im Umgang mit der Natur ist: Wir brauchen
eine ökologische Transformation.[66] Sie hinauszuzö-
gern, ist unverantwortlich; für Glaubende ist es eine
Missachtung der „Schwester Schöpfung", der wir „zu
Nächsten werden sollen". Es ist auch eine Frage unserer Gottesliebe.

Dem Gegenwind standhalten

Franziskus beklagt, dass die „wirtschaftlichen Mäch-
te ... auf schnelle Erträge" aus seien. Dazu würden
oft „die Stimmen, die sich zur Verteidigung der Umwelt erheben, zum Schweigen gebracht oder der
Lächerlichkeit preisgegeben und andererseits Par-
tikularinteressen mit dem Mantel der Vernünftigkeit
umhüllt" (FT 17). Dies ist derzeit in nicht wenigen Ländern zu beobachten. Carolin Emcke, Trägerin des Frie-

---

65 Bei einer Begegnung in Loppiano, 27.11.1975, zit. in: Vicinanza, 155.
66 Es gibt reichlich Literatur zu dem Thema; vgl. z. B. Maja Göpel,
    „Unsere Welt neu denken. Eine Einladung" (Berlin 2020). Ein gro-
    ber Überblick findet sich unter: https://de.wikipedia.org/wiki/
    Unsere_Welt_neu_denken (aufgerufen am 3.10.2024).

denspreises des Deutschen Buchhandels und scharf-
sinnige Analytikerin, beklagte unlängst in einem
leidenschaftlichen Beitrag mit dem Titel „Echt jetzt?",
dass exakt das passiert: Naturschutz werde „als ideologisch, als wirklichkeitsfern diskreditiert", während
sich „ausgerechnet diejenigen, die mit schlafwand-
lerisch-selbstbewusster Leugnung der Wirklichkeit
Klimaschutz ausbremsen und Leben gefährden", als
„undogmatisch und nahbar" behaupten. Sie hat recht:
„Nicht Naturschutz ist ideologisch, sondern dessen
blindwütige Verweigerung."[67] Letzteres zeugt von einem „gestörten Wirklichkeitssinn": Die Fakten sind
hinreichend bekannt, in der Wissenschaft herrscht ein
Konsens, wie er größer kaum sein könnte. Jeder kann
wissen, wie ernst die Probleme sind. Schon heute sind
die Opfer der Klimaveränderungen, von Dürren und
Überschwemmungen, von Hitzewellen, Waldbrän-
den, Hurrikans etc. kaum zu zählen.

Papst Franziskus hat sich bei seiner Enzyklika
„Laudato si'" von Spezialisten beraten lassen, For-
schungen renommierter Klimaforscher sind eingeflos-
sen in seine Analysen. Auch das Ernstnehmen seriöser
Forschung gehört zu einer Nächstenliebe auf der Höhe
der Zeit. Nur im Gespräch, im interdisziplinären Austausch, im Aufnehmen wissenschaftlicher Erkenntnis-
se können wir verstehen, was „soziale Freundschaft
und politische Nächstenliebe" konkret bedeutet.

---

67 Süddeutsche Zeitung, 21./22.9.2024, 5.

Bedauerlicherweise ist in den vergangenen Jahren die Dringlichkeit des Themas in den Hintergrund gerückt – wodurch es nochmals wichtiger wird.[68] Denn ein Aufschub der nötigen Veränderungen lässt unumkehrbare „Kipp-Punkte" näherrücken. Die Umweltthematik wachzuhalten und dem Gegenwind standzuhalten, das ist nicht zuletzt deshalb so wichtig, weil eine universale Geschwisterlichkeit auch eine zeitliche Dimension hat: Auch die künftigen Generationen sind mit uns verbunden, sie werden „Gottes geliebte Kinder" sein wie wir – und sie liegen ihm von jeher am Herzen. Wir können nicht „die irdische Zukunft außer Acht lassen und die Flügel des Lebens stutzen", so Chiara, auch das umsichtige Entwickeln von Plänen für die Zukunft sei gelebte Nächstenliebe, wie sie in einem wichtigen Text schreibt, den nochmals zu zitieren lohnt:

> „Die Verbundenheit mit der Menschheit aller Zeiten, die Liebe zu den andern wie zu sich selbst, ist für Christen die Triebfeder, heute die Voraussetzungen für ein besseres Morgen zu schaffen ... Gerade das erwarten unsere Zeit und die heutige Gesellschaft. Vor allem aber Gott selbst" (Lubich, AB, 191f).

---

68 Selbst Jugendliche fühlen sich einer aktuellen Studie zufolge stärker betroffen durch den „Krieg in Europa" (81%) und „Wirtschaftliche Lage/Armut" (67%) als durch „Klimawandel" (63%), so die 19. Shell-Jugendstudie, https://www.shell.de/ueber-uns/initiativen/shell-jugendstudie-2024.html

Die Mitarbeit in Umweltorganisationen, politisches Engagement, die Teilnahme an Demonstrationen, das Lernen von engagierten Jugendlichen, sie nach Kräften zu unterstützen, all das sind Möglichkeiten, jene universale Nächstenliebe zu üben, die uns heute aufgegeben ist.

Der ganz persönliche Lebensstil gehört auch dazu: von der Ernährung (möglichst regional, saisonal, möglichst „bio", weniger Fleisch etc., resourcen- und artenschonend ....) über unser generelles Konsumverhalten bis hin zur Art der Fortbewegung. Weniger CO_2, weniger Plastik ... Informationen dazu gibt es in Hülle und Fülle – sie umzusetzen liegt an uns.

Stichwort Migration:
Ängste vor Überfremdung und Identitätsverlust

Laut UNHCR waren im Juni 2024 mindestens 122,6 Millionen Menschen auf der ganzen Welt gezwungen, aus ihrer Heimat zu fliehen.[69] Das sind weit mehr, als Deutschland, Österreich und die Schweiz zusammen an Einwohnern zählen. Die Fluchtursachen sind vielfältig: Armut, Krieg, klimatische Veränderungen u. a. m., auch „hausgemachte" Probleme. Doch nicht wenig haben auch unsere Länder dazu beigetragen – und tun es immer noch.

---

69 https://www.unhcr.org/de/was-wir-tun/zahlen-im-ueberblick

Ein regelrechter Überbietungswettbewerb scheint im Gange zu sein, wie man die Zahl der Migranten möglichst wirksam eindämmen könne. Das individuelle Grundrecht auf Asyl wird infrage gestellt – allein dies zeigt, wie wenig der einzelne Mensch in seiner unveräußerlichen Würde gesehen wird. Generell nehmen Ausländerfeindlichkeit und Vorbehalte gegenüber Menschen bestimmter Herkunft oder Religionszugehörigkeit zu, vom stärker aufkeimenden Antisemitismus bis zur Islamophobie. Manchmal wird zur Rechtfertigung auf „christlich-abendländische Werte" verwiesen, die es zu verteidigen gelte, wird Abschottung mit dem Schutz einer „christlich-abendländischen Kultur" begründet. Mit dem Gott Jesu Christi hat dies nichts zu tun: Dessen Grenzen sprengender Weite haben wir es zu verdanken, dass das junge Christentum überhaupt den Weg in unsere „heidnischen" Lande hat finden können.

Die Kirchen haben sich in den genannten Fragen offiziell sehr klar positioniert; viele Christen sind mit dabei, wenn es um die Verteidigung der Würde jeder und jedes Einzelnen geht, wer immer er oder sie sei. Sowohl Chiara Lubich als auch Papst Franziskus sind da überdeutlich.

In einem ihrer letzten Kommentare zu einem Schriftwort (Mai 2006) ging Chiara explizit auf das Thema ein; sie bezog sich auf eine Stelle aus der Apostelgeschichte. Dort wird Petrus mit den Worten zitiert: „Jetzt begreife ich, dass Gott nicht auf die Person sieht, sondern dass ihm in jedem Volk willkommen ist, wer ihn fürchtet und tut, was recht ist" (Apostelgeschichte 10,34f). Chiara greift zentrale Motive auf, die sie zeit ihres Lebens bewegt haben:

„Was für ein weites Herz Gott hat! Er macht keine Unterschiede zwischen Völkern und Nationen, zwischen Sprachen und ethnischen Gruppen. Für ihn sind wir *alle* seine Kinder, von gleicher Würde ... Wenn Gott so handelt, sollten auch wir, seine Kinder, es ihm gleichtun und unser Herz weit öffnen, alle Schranken sprengen, uns von jeder Versklavung befreien. Ja, denn wir sind oft Sklaven der Trennung zwischen Arm und Reich, zwischen Generationen, zwischen Schwarzen und Weißen, zwischen Kulturen und Nationalitäten. Wie viele Vorurteile gegenüber Einwanderern, gegenüber Ausländern! Wie viele Gemeinplätze über diejenigen, die anders sind als wir! Das schürt Unsicherheit und Angst vor einem Verlust der eigenen Identität, es führt zu Intoleranz ...
Doch wie könnten wir uns mit einem Gott, der keine Unterschiede zwischen den Menschen kennt, die universale Geschwisterlichkeit nicht zu Herzen nehmen? Als Kinder desselben Vaters können wir uns allesamt als Brüder und Schwestern entdecken" (PdV, 779f).

Für Papst Franziskus ist die Offenheit für Fremde *das* Zeichen dafür, wie es um eine Gesellschaft steht:

> „Wie es um die verschiedenen Länder der Welt wirklich bestellt ist, lässt sich an dieser Fähigkeit abmessen, nicht nur an das eigene Land, sondern an die ganze Menschheitsfamilie zu denken, und das wird besonders in kritischen Zeiten offenbar. In sich verschlossene Nationalismen manifestieren eine Unfähigkeit, unentgeltlich zu geben, und die irrige Überzeugung, dass sie vom Niedergang der anderen profitieren können und dass sie sicherer leben, wenn sie sich anderen gegenüber abschotten" (FT 141).

Wenn wir dies ernstnehmen, wie kann es dann sein, dass in der Wertschätzung wie in der Behandlung so selbstverständlich unterschieden wird zwischen wirtschaftlich nützlichen Zuwanderern auf der einen Seite und „Flüchtlingen" auf der anderen? Gewiss, es gibt reale, manchmal große Schwierigkeiten im Zusammenhang mit der Aufnahme von Migranten wie mit ihrer Integration. Und doch bleibt zu fragen: Wie steht es nach dem vom Papst genannten Maßstab in unseren Ländern? Die Frage stimmt nachdenklich. Nachdenklich stimmen auch Begrifflichkeiten wie „Flüchtlingskrise" und „Flüchtlingswelle". Haben wir noch Menschen vor Augen – oder unsere eigenen „Krisen" und bloße Zahlen? Nächste werden, Nächste sein, das hat auch Konsequenzen für unser Reden, für die Wörter, die wir verwenden. (Dass auch über praktische Lösungen nachzudenken ist, dass Wege gefunden werden müsen, wie es gehen kann, steht auf einem anderen Blatt.) Chiara sagt in aller Deutlichkeit:

> „Solange wir in unserem Nächsten den ‚Fremden' sehen, einen, der unseren Frieden stört, der unsere Pläne durchkreuzt, können wir nicht sagen, dass wir Gott von ganzem Herzen lieben"
> (PdV 339-341).

Franziskus schreibt, „dass jedes Land auch ein Land des Ausländers ist", dass es Grundrechte gibt, „die jeder Gesellschaft vorausgehen, weil sie sich aus der Würde ableiten, die jedem Menschen zukommt, da er ein Geschöpf Gottes ist", dass es folglich „egal" ist,

> „... ob jemand hier geboren wurde oder außerhalb der Grenzen seines eigenen Landes lebt. Auch meine Nation ist mitverantwortlich für deren Entwicklung, auch wenn sie dieser Verantwortung auf verschiedene Weise gerecht werden kann: indem sie sie großzügig aufnimmt, wenn sie sich in einer unvermeidlichen Notlage befinden, indem sie sie in ihren eigenen Ländern fördert, indem sie nicht ganze Länder ausbeutet und ihrer natürlichen Ressourcen beraubt und korrupte Systeme fördert, die eine würdige Entwicklung dieser Völker behindern"
> (Franziskus, FT 124f).

Identitätswahrung?

Viele Menschen bewegt die Sorge um ihre eigene Identität. Franziskus stellt fest:

> Es gibt „angestammte Ängste, die nicht vom technologischen Fortschritt überwunden worden sind ... Auch heute gibt es hinter den Mauern der alten Stadt den Abgrund, das Land des Unbekannten, die Wüste. Was von dort kommt, ist nicht vertrauenswürdig, weil man es nicht kennt, man nicht vertraut mit ihm ist, weil es nicht zum Dorf gehört. Es ist das Gebiet des ‚Barbarischen‘, vor dem man sich verteidigen muss, koste es, was es wolle. Folglich werden neue Schranken zum Selbstschutz aufgerichtet, sodass nicht mehr die eine Welt existiert, sondern nur noch die ‚meine‘, bis zu dem Punkt, dass viele nicht mehr als Menschen mit einer unveräußerlichen Würde angesehen werden, sondern einfach zu ‚denen da‘ werden" (Franziskus, FT 27).

Doch wer Mauern hochzieht (und sei es im Herzen), der „wird am Ende zum Sklaven innerhalb der Mauern, die er errichtet hat, ohne Horizonte. Weil ihm dieses Anderssein fehlt" (ebd.). Franziskus verweist auf die großen, die eigentlichen Chancen (und eben nicht nur die wirtschaftlichen), die in der Begegnung mit Menschen aus anderen Kulturen liegen:

„Die Ankunft verschiedener Menschen, die aus anderen Lebenskontexten und kulturellen Zusammenhängen kommen, wird zu einer Chance, denn die Geschichten der Migranten sind auch Geschichten von Begegnungen zwischen Menschen und Kulturen: Für die Gemeinden und Gesellschaften, in denen sie ankommen, sind sie eine Chance zur Bereicherung und fördern die ganzheitliche menschliche Entwicklung aller" (FT 133).

Wer sich abschottet, verarme, ja er riskiere, „Opfer einer ‚kulturellen Sklerose' zu werden" (Franziskus, FT 134). Eine „gesunde Offenheit" hingegen stehe „nie im Gegensatz zur eigenen Identität" (FT 148), im Gegenteil:

„Je weniger Weite ein Mensch in seinem Denken und Empfinden besitzt, desto weniger wird er in der Lage sein, die ihn unmittelbar umgebende Wirklichkeit zu deuten. Ohne die Beziehung und Auseinandersetzung mit denen, die anders sind, ist es schwierig, ein klares und vollständiges Wissen über sich selbst und das eigene Land zu erlangen, denn andere Kulturen sind keine Feinde, gegen die man sich verteidigen muss, sondern spiegeln auf verschiedene Weise den unerschöpflichen Reichtum menschlichen Lebens wider. Indem man sich selbst aus der Perspektive des anderen, des Fremden betrachtet, kann jeder die Eigenheiten der eigenen Person und Kultur besser erkennen: ihren Reichtum, ihre Möglichkeiten, aber auch ihre Grenzen" (Franziskus, FT 147).

Durch die Andersheit des anderen lerne ich mich selbst besser kennen – wenn ich ihr Raum gebe, sie buchstäblich „an mich heranlasse". Zukunft, so der Papst, hat nur „ein lebendiges, dynamisches Volk ..., das beständig offen für neue Synthesen bleibt, indem es in sich das aufnimmt, was verschieden ist" (FT 148). Kein Mensch, aber auch kein Volk und keine Kultur kann sich selbst genügen: Wir brauchen die anderen! Identitätswahrung gibt es nur in Entwicklung, Stillstand wäre Verknöcherung, wäre Tod:

> „Echte Bewahrung ist keine verarmende Isolation. Die Welt wächst und füllt sich jenseits jeder kulturellen Vereinnahmung aufgrund immer weiterer Synthesen verschiedener Kulturen mit neuer Schönheit" (Franziskus, FT 148).

Franziskus weiß sehr wohl, dass eine solche Offenheit wie eine „naive Utopie" erscheint, er benennt es ausdrücklich und kommt so entsprechenden Einwänden zuvor. Doch selbst wenn es eine Utopie ist (etwas, was von der Wortbedeutung her an keinem Ort je ganz Realität wird), können wir „auf dieses höchste Ziel nicht verzichten" (Franziskus, FT 190).

Wir müssen, besser: wir *dürfen* lernen, die Andersheit des anderen nicht als Bedrohung zu empfinden. Sondern als Teil unserer persönlichen wie gemeinsamen Entwicklung. Alles in der Welt war und ist in Bewegung, in ständiger Entwicklung. Chiara sieht darin „das Gesetz des Universums": Wie die Sterne *sind*, solange sie in Bewegung sind, so ist es mit uns; wir *sind*, solange wir in der Bewegung der Liebe sind, bereit zu schenken und beschenkt zu werden (Lubich, A1, 34).

Lieben heißt zugehen auf die anderen, die Scheu vor Fremdem und Fremden überwinden, sich bereichern lassen, sich auch gegenseitig aushalten. Es heißt, mutig Kontakte zu knüpfen, sich konkret für Flüchtlinge zu engagieren, wenn es möglich ist, von Deutschkursen bis zur Unterstützung bei Behörden etc. Immer im Bewusstsein, dass uns auch in denen, die uns fremd sind, etwas Heiliges begegnet: Begegnungen sind Jesus-Begegnungen, manchmal Begegnungen mit dem verlassenen Jesus: mit Leid, Unverständlichem, Unbequemem.

Chiara lädt ein zu einer Liebe „bis zu dem Punkt, an dem sich der andere in seiner Verschiedenheit verstanden und angenommen fühlt und frei ist, seinen ganzen Reichtum zum Ausdruck zu bringen, den er mitbringt" (Lubich, PdV, 779f).

Dabei verweist sie abermals auf die goldene Regel: Diese ermögliche „lebendige, aktive Beziehungen zwischen Menschen unterschiedlichster Überzeugungen" und halte die Hoffnung lebendig, „Kriege,

Terrorismus, Unfrieden, Hunger und die tausend Übel der Welt zurückzudrängen" (ebd.).

Diskriminierungen überwinden

Jesu Vorliebe für die Ausgegrenzten bleibt ein schmerzlicher Stachel. Wohl jede Zeit, jede Gesellschaft hat „ihre" Randgruppen, ihre Ausgestoßenen, Unterprivilegierten, Diskriminierten, oft gar Verfolgten. Gleiche Würde, gleiche Rechte für alle? Bestenfalls auf dem Papier. Von den „Ausländern" war schon die Rede; es gibt viele andere, die nicht als „gleichrangig" gesehen und behandelt werden, sondern an den Rand gedrängt werden. Genau da wäre nach Franziskus der Platz der Christen. „An die Ränder gehen" lautet ein unentwegt wiederholter Aufruf von ihm, den er der ganzen Kirche ins Stammbuch geschrieben hat. Chiara spricht von der Vorliebe zum gekreuzigten und verlassenen Jesus, die sich in der Zuwendung zu den *Erbärmlichsten, Abstoßendsten, Verlassensten und am meisten Ausgegrenzten* konkretisiere:

> „Wenn du jemand … den Vorzug geben kannst, dann liebe ihn [den verlassenen Jesus] in denen, die vom Weg abgekommen sind, in den Erbärmlichsten, in den Abstoßendsten, in den Verlassensten, in denen, die von der Gesellschaft ausgestoßen werden und am meisten leiden" (Lubich, A1, 125).

Manche Diskriminierungen sind lange gar nicht bewusst. Oft leiden nur die Betroffenen darunter, und oft im Stillen. Gesellschaftliche Gepflogenheiten, feste Muster, tradierte Rollen, Vorurteile, auch gewohnte Moralvorstellungen spielen hinein. Immer noch wird eine Hälfte der Menschheit in vielerlei Hinsicht diskriminiert: die Frauen; immer noch gibt es nicht den gleichen Lohn für gleiche Arbeit. – Unverkennbar leben wir in Ungleichzeitigkeiten: Was für die einen eine längst überfällige Überwindung von Diskriminierungen ist, das ist für andere ein unzulässiges Aufweichen womöglich gottgegebener Regeln. Die Gräben verlaufen zwischen Kulturen und gehen mitten durch die jeweilige Gesellschaft, auch durch die Christenheit, durch die Kirchen, es gibt sie auch innerhalb ein und derselben Gruppierung oder Bewegung. Die Gefahr der Polarisierung ist groß, wir kommen darauf zurück, und die Emotionen kochen schnell hoch, wenn es um Themen wie Feminismus, um Rolle und Rechte der Frauen in der Kirche, um Gendergerechtigkeit, Gendern allgemein, um queere Menschen etc. geht. Wie steht die Kirche, wie diese oder jene Gruppe oder Gemeinschaft zu Homosexualität, zu Trans*Personen? Es ist leidlich bekannt, dass etwa die katholische Kirche bis in die jüngste Vergangenheit und in weiten Teilen bis heute nicht zu den Vorreitern einer Liebe zu *allen* Menschen gehört, wer und wie immer sie seien, wie immer sie geschaffen sind, wie immer sie geworden sind.

Was heißt da Nächstenliebe? Grundsätzlich sind Franziskus wie Chiara sehr deutlich: Jede Form der Diskriminierung widerspricht dem Willen Gottes, dessen Liebe unterschiedslos *allen* gilt. Alle lieben, ohne Rücksicht auf Herkunft, Geschlecht oder irgendwelche anderen Aspekte, davon war ausführlich die Rede. Die Realität sieht vielfach ganz anders aus, wie Papst Franziskus beklagt:

> „Oft stellt man fest, dass tatsächlich die Menschenrechte nicht für alle gleich gelten … Entsprechend sind die Gesellschaften auf der ganzen Erde noch lange nicht so organisiert, dass sie klar widerspiegeln, dass die Frauen genau die gleiche Würde und die gleichen Rechte haben wie die Männer. Mit Worten behauptet man bestimmte Dinge, aber die Entscheidungen und die Wirklichkeit schreien eine andere Botschaft heraus. In der Tat, ‚doppelt arm sind die Frauen, die Situationen der Ausschließung, der Misshandlung und der Gewalt erleiden, denn oft haben sie geringere Möglichkeiten, ihre Rechte zu verteidigen' (EG, 220)" (Franziskus, FT 22f).

Viele Menschen empfinden einen schmerzlichen Widerspruch zwischen Anspruch und Wirklichkeit auch in der Kirche selbst, was nicht verschwiegen werden darf. Traditionell werden moralische Prinzipien und Tugendhaftigkeit stark betont. Vielfach herrscht ein bewahrender Grundzug vor, was ja durchaus auch sein Gutes hat. Manche Veränderungen gehen etlichen Menschen zu schnell, werden zu einer Überforderung. Auch da heißt es, sich einzufühlen, nicht zu urteilen. Dennoch bleibt die Frage: Geht nicht oftmals die radikale Weite Jesu verloren, der Grenzen sprengte, der den Menschen sah, in dessen Dienst der Sabbat zu stehen habe? Versprüht die Kirche jene „Frische", jenen „Duft des Evangeliums", von dem Franziskus schreibt?

> „Alle Tugenden stehen im Dienst ... [einer] Antwort der Liebe. Wenn diese Einladung nicht stark und anziehend leuchtet, riskiert das moralische Gebäude der Kirche ein Kartenhaus zu werden, und das ist unsere schlimmste Gefahr. Denn dann wird es nicht eigentlich das Evangelium sein, was verkündet wird, sondern einige lehrmäßige oder moralische Schwerpunkte ... Die Botschaft läuft Gefahr, ihre Frische zu verlieren und nicht mehr ‚den Duft des Evangeliums' zu haben" (Franziskus, EG 39).

Ein Umdenken ist im Gange, zumindest eine Diskussion, ein Ringen um die Frage, was wohl im Sinne Gottes sei, des menschenfreundlichen Gottes, und somit im Sinne des Menschen. Die Kirche kommt an den Fragen nicht vorbei, wie auch die Weltsynode zeigt. Gerade in der jüngeren Generation sind die Themen lebendig. Manchmal spricht Gott auch „von außen" hinein in tradierte Denk- und Verhaltensmuster: Es hat immer schon eine „Fremdprophetie" gegeben, die den Blick geweitet hat. Heute können wir uns nicht mehr vorstellen, wie schwer sich die Kirche mit der Anerkennung der Menschenrechte, etwa mit der Religionsfreiheit getan hat. Wer weiß, wie im Rückblick heutige Debatten beurteilt werden?

Papst Franziskus steht, so der Eindruck nicht weniger, sowohl für eine Weitung tradierter Vorstellungen als auch für die Not damit. „Wer bin ich, ihn zu verurteilen", sagte er auf dem Rückflug von Brasilien im Juli 2013 über einen Homosexuellen, der Gott suche und ein Mensch guten Willens sei. Für Neubewertungen machen sich viele stark, die Initiative *#OutInChurch – Für eine Kirche ohne Angst* hat auch unter Bischöfen Respekt und Zustimmung gefunden. „Alles, was nach Doppelmoral und Heimlichtuerei riecht, darf in der Kirche keinen Platz haben", kommentierte etwa der Mainzer Bischof Peter Kohlgraf.[70]

Wie kontrovers das Thema „Rechte und Rolle der Frauen" behandelt wird, muss nicht ausgeführt werden. Manche halten es schon für fraglich, ob über eine Zulassung von Frauen zur Diakonen- und/oder Priesterweihe überhaupt *nachgedacht* werden dürfe. Im Abschlussdokument der Weltsynode (Oktober 2024) heißt es dazu in Absatz 60, „die Frage des Zugangs von Frauen zum diakonischen Dienst" bleibe „offen". Es führt kein Weg am freimütigen, auch kontroversen Gespräch vorbei – im Suchen nach dem Willen Gottes hier und heute, im Verstehen, was es heißt, in seinem Sinne „alle zu lieben". In Anbetracht der enormen kulturellen Verschiedenheit „in der

---

70 Katholisch.de, 26.1.2022, abgerufen am 16.2.2022.

einen Welt", angesichts der „Ungleichzeitigkeit" von Entwicklungen, angesichts der Verschiedenheit der Gewissensurteile
werden wohl unterschiedliche Wege notwendig sein als Ausdruck einer dynamischen, pluriformen Einheit.

Chiaras Spiritualität legt nahe, sich in Brüche hinein-
zustellen und Polarisierungen zu überwinden. Doch
dies bedeutet keineswegs Beliebigkeit oder eine Äqui-
distanz, die es allen recht machen will und keinem gerecht wird. Nächstenliebe à la Jesus verlangt auch, Position zu beziehen. Wenn Jesus nicht von (heiligen)
Regeln her, sondern vom Menschen, der vor ihm steht,
her denkt, sich ganz tief in ihn hineinversetzt, mitfühlt
mit seiner Not, sich einfühlt in sein Leiden unter der
Ausgrenzung, unter den Urteilen ..., wenn Chiara auf
der Spur von Jesu radikaler Nächstenliebe schreibt,
ggf. müsse man auch „Gott für Gott [im Menschen]
verlieren", dann sind Anfragen an überkommene Regeln und die Art, wie wir sprechen, erlaubt, ja notwendig. Ist die Rede von „irregulären Beziehungen" nicht
verletzend? Ist es nicht auch verletzend und diskriminierend für Betroffene, wenn es immer noch heißt, homosexuellen Menschen sei mit „Mitleid" zu begegnen?[71] Es braucht offenbar immer noch Zeit, bis sich
die klare Positionierung von Franziskus in seinem

---

71 So im Katechismus der katholischen Kirche (Nr. 2358); anschließend
    heißt es aber: „Man hüte sich, sie in irgendeiner Weise ungerecht
    zurückzusetzen." *Compassion*, Einfühlung ist gefragt, Verstehen von
    innen her. Dass homosexuelle Menschen per se „zur Keuschheit ge-
    rufen" seien (Nr. 2859), ist nach heutigem Wissen und von einer Be-
    ziehungsethik her schwerlich vertretbar.

Schreiben „Amoris laetitia" durchsetzt, dass „jeder Mensch, unabhängig von seiner sexuellen Orientierung, in seiner Würde geachtet und mit Respekt aufgenommen werden soll und sorgsam zu vermeiden ist, ihn in irgendeiner Weise ungerecht zurückzusetzen" (AL 250).

Chiara hat die Fragen des „Menschensohns" beim „Schlussexamen" am Ende des Lebens (Matthäus 25) beispielhaft hineinübersetzt ins Heute:

> „Wir erwarten den Tag, an dem Jesus auch uns sagen kann: Ich gehörte zu den Randgruppen, und du hast mich in deine Gemeinschaft hineingenommen; ich war drogensüchtig, und du hast mir echte Freude gegeben; ich war arbeitslos, und du hast mir eine Stelle gesucht ..."
> (Lubich, „Ich liebe, also bin ich", 21).

„Ich gehörte zu den Randgruppen ..." – könnte das nicht auch heißen: „Ich war schwul (oder lesbisch) ..., oder: Ich fühlte, dass ich im falschen Geschlecht geboren bin, und du hast nichts gegen meine Diskriminierung unternommen ..." Die Reihe ließe sich beliebig fortsetzen.

Wenn derzeit vieles in der Kirche in der Diskussion und in Bewegung ist, so ist das keine leichtfertige Aufweichung der Moral, keine billige Anpassung an den Zeitgeist, sondern eine „Relativierung" im tiefsten Sinne: ein In-Beziehung-Setzen, ein

Maßnehmen am ursprünglichen Willen Gottes, wie
Jesus es getan und gefordert hat, wenn er den Men-
schen über (vermeintlich) heilige Regeln stellte.[72]
Was wir einem seiner geringsten Brüder und
Schwestern getan haben, das haben wir ihm getan:
Sich dies zu vergegenwärtigen, kann helfen, mögli-
cherweise unbewusste Diskriminierungen zu er-
kennen und zu überwinden.

Was die Kirche betrifft, regt ein sehr persönliches Ge-
ständnis von Klaus Hemmerle aus dem Jahr 1972 (!)
auch heute noch zum Nachdenken an:

> „Wenn man mich fragen würde, was ich am
> meisten in der Welt liebe, was mir das Kostbars-
> te in der Welt ist, könnte ich wirklich nichts an-
> deres sagen als: die Kirche! Allerdings, wenn
> man fragen würde, was das Vergänglichste in
> der Welt ist, was am meisten anders werden
> muss, müsste ich wiederum sagen: die Kirche!"[73]

Kostbar ist diese Kirche nicht zuletzt, weil sie die Botschaft von der Nähe Gottes, das Gebot der Nächstenliebe, die Radikaliät der Liebe Jesu weiterträgt. Zur
Veränderung gerufen ist sie, sind wir alle auf allen

---

72 Dass Jesus damit nicht alles Mögliche legitimiert, zeigt sein
Wunsch, seine Bitte an die Frau, nachdem alle, die Ältesten zuerst, gegangen waren: „Geh und sündige von jetzt an nicht
mehr!'" (Johannes 8,11). Er stellt auch sie vor sich selbst, nimmt
auch sie in die Verantwortung für ihr Tun. Aber er urteilt nicht.
73 Klaus Hemmerle, Im Konkurrenzkampf der Weltanschauungen,
München 1972, 39ff.

Ebenen: um einer glaubwürdigen Nächstenliebe willen. Aber so sehr wir immer auch und zuerst ganz persönlich angefragt sind: Regeln und strukturelle Fragen können nicht ausgeklammert werden.

Wer immer Gelegenheit hat, sich für irgendeine Gruppe oder für Einzelne einzusetzen, die diskriminiert sind oder sich diskriminiert fühlen, auch wenn es für einen selbst unangenehm und unbequem ist, der ist in bester Gesellschaft: Jesus war es offenkundig egal, was andere über ihn dachten, wenn er sich „ungebührlich" anderen zuwandte: Für ihn war *jeder* Mensch ein von Gott geliebter Mensch, der seinen Platz inmitten der Gesellschaft haben sollte. Einer, dem er Nähe schenkte, wann immer er es brauchte und wollte: „Was willst du, dass ich dir tue?" (Lukas 18,41), fragt Jesus; es ist eine Frage, aus der tiefer Respekt spricht. Ein Respekt, den jeder Mensch verdient.

Nähe leben in einer digitalen, virtuellen Welt

Fast ein Vierteljahrhundert ist vergangen, seit Chiara bei einem Kongress für Medienschaffende[74] sagte:

> „Wenn wir auf die heutigen Kommunikationsmittel blicken, stellen wir fest, dass sie sich in einer rasanten Entwicklung befinden" (Impulse, 90).

---

74 Castel Gandolfo, 2.6.2000.

Das war sechseinhalb Jahre bevor das erste *iPhone* auf den Markt kam, und seither haben sich die Entwicklungen überschlagen, zumal mit der KI-Revolution, die wir derzeit erleben. Was Chiara seinerzeit an grundsätzlichen Überlegungen einbrachte, hat nichts von seiner Gültigkeit verloren. Sie wies auf den Nutzen und die Faszination der aufkommenden neuen Möglichkeiten hin, aber auch auf „eine ganze Reihe neuer, großer Probleme: für die Gesellschaft, für die Familien und für die Einzelnen":

„Es sind Perspektiven voller Licht, aber auch voller Schatten … Die Globalisierung tendiert dazu, die verschiedenen Kulturen einzuebnen … Die Sensationslust instrumentalisiert das menschliche Leid … Immer stärker wird die Tendenz zu einer bewussten Beeinflussung … Wir betrachten die Medien als das, was sie tatsächlich sind: einfache Hilfsmittel. Dennoch schätzen wir auch das ‚enorme Potenzial, das in ihnen schlummert‘ (Johannes Paul II.). Wir möchten sie gut gebrauchen und dabei der prophetischen Botschaft gerecht werden, die sie enthalten. Diese Botschaft lautet: Einheit …
Wichtig ist der Mensch, nicht das Medium, das wie gesagt nur ein einfaches Werkzeug ist. Das Medium schlechthin, das vermittelt und Einheit schafft, ist der Mensch, der ‚neue Mensch‘, wie Paulus es ausdrücken würde. Es sind nicht zu-

letzt jene, die den Auftrag Christi ernst nehmen, Sauerteig, Salz und Licht der Welt zu sein" (Lubich, Impulse, 90f; 94f).

„Sauerteig, Salz und Licht" sein, indem wir „Liebe sind". Dazu gehört auch im Blick auf die Sozialen Medien, Nähe und Distanz gut auszutarieren: um des Respekts vor dem anderen willen, um seiner Freiheit willen. Hier sieht Franziskus eine wachsende Gefahr in unserer digitalen Welt:

> „Während verschlossene und intolerante Haltungen … zunehmen, verringert sich oder verschwindet paradoxerweise die Distanz bis hin zur Aufgabe des Rechts auf Privatsphäre … Das Leben wird einer ständigen Kontrolle ausgesetzt. In der digitalen Kommunikation will man alles zeigen, und jeder Einzelne wird auf anonymem Weg zu einem Objekt, das bespitzelt, entblößt und in die Öffentlichkeit gezerrt wird. Die Achtung vor dem anderen bröckelt" (FT 42).

Insider aus der Branche äußern sich seit Jahren teils extrem kritisch über das Agieren der Internetkonzerne, etwa über ihre „Datensammelwut"[75] – vor allem mit dem Ziel der Profitsteigerung: Es verändert zu-

---

75 Vgl. hierzu die eingehende Analyse der renommierten emeritierten Harvard-Professorin Shoshana Zuboff („Das Zeitalter des Überwachungskapitalismus", Frankfurt am Main 2018); aufschlussreich ist ungeachtet mancher Einseitgkeiten immer noch die Netflix-Dokumentation von Jeff Orlowski, „The Social Dilemma" (2020).

nehmend unser Verhalten und unsere Wahrnehmung. Big Data, „dieser alles erfassende, nichts vergessende und alles vernetzende Moloch" kenne weder „Anstand noch Respekt", bemerkte Meinhard Miegel schon vor zehn Jahren,[76] und daran hat sich nichts geändert. Wenn Macht- und ökonomische Interessen im Vordergrund stehen, ist das Humanum in Gefahr, wo sich Prozesse verselbständigen, umso mehr. Die Aus- und Verwertung der unvorstellbaren Datenmengen (mit all ihren großartigen prinzipiellen Chancen, etwa im Bereich der Medizin!) geschieht in der Regel offenkundig weithin nicht nach ethischen Kriterien – und faktisch in meist unkontrollierten, „rechtsfreien" Räumen. Im Mittelpunkt der Mensch? Eher nicht. In bemerkenswerter Deutlichkeit schreibt Franziskus:

> „Man darf nicht übersehen, dass in der digitalen Welt gigantische wirtschaftliche Interessen am Werke sind, die ebenso subtil wie invasiv Kontrolle ausüben" (Franziskus, FT 45).

Zudem besteht durch „digitale Medien ... die Gefahr, dass Nutzer abhängig werden, sich isolieren und immer stärker den Kontakt zur konkreten Wirklichkeit verlieren, wodurch die Entwicklung echter zwischenmenschlicher Beziehungen behindert wird". Doch, so Franziskus, der reale Kontakt, die körperlichen Gesten etc. sind durch nichts zu ersetzen (vgl. FT 43).

---

76 Meinhard Miegel, Hybris, Berlin 2014, 237.

Social-Media-Kontakte sind aber auch eine Chance, auf neue Weise in Verbindung zu sein und eine gewisse Art von Nähe zu leben. Längst nutzen auch Ältere diese Möglichkeiten, und jedes Schwarz-Weiß-Denken wäre unangebracht. Wichtig aber ist, dass solche Kontakte „unterfüttert", getragen und permanent begleitet sind von „wirklichen" Beziehungen in der analogen Welt: Diese Art von Nähe hat ihre eigene, durch nichts zu ersetzende Qualität.

> „Sich hinsetzen, um einem anderen zuzuhören, ist charakteristisch für eine menschliche Begegnung … Wenn es kein Schweigen und Zuhören mehr gibt und alles in ein schnelles und ungeduldiges Tippen und Senden von Botschaften verwandelt wird, setzt man diese Grundstruktur einer weisen menschlichen Kommunikation aufs Spiel" (Franziskus, FT 48f).

Problematisch, so Franziskus, ist auch „die erdrückende Fülle von Information, die uns überschwemmt". Sie bedeute eben „nicht mehr Weisheit":

> „Die Gespräche kreisen am Ende nur um die neuesten Daten und sind schlicht ein oberflächlicher Wortschwall. Man schenkt aber dem Eigentlichen des Lebens keine eingehende Aufmerksamkeit und dringt nicht zu ihm vor, man erkennt nicht, was das Wesentliche ist, um der Existenz Sinn zu verleihen. So wird die Freiheit

eine Illusion, die uns verkauft wird und die mit der Freiheit, vor einem Bildschirm zu surfen, verwechselt wird. Das Problem besteht darin, dass ein Weg der Geschwisterlichkeit, im Kleinen wie im Großen, nur von freien Geistern beschritten werden kann, die zu wirklichen Begegnungen bereit sind" (Franziskus, FT 50).

Bei allem digitalen und technologischen Fortschritt dürfen wir nicht vergessen, dass menschliche Identität, menschliches Denken und Fühlen, menschliches Bewusstsein sich niemals auf noch so umfassende Daten reduzieren lassen: Der Mensch ist mehr! Wir wollen und müssen in unserem Menschsein ernst genommen werden: in unserer Größe wie in unserer Verletzlichkeit, in unserem Bedürfnis nach Nähe und in unserer Fähigkeit, Nähe zu schenken. Uns das zu erhalten, uns dafür Zeit zu nehmen, das wird zunehmend wichtig werden. Auch das ist ein bedeutsamer Aspekt zeitgemäßer Nächstenliebe.

Wieder lautet die Gretchenfrage: Gelingt es uns persönlich wie im großen Ganzen, den Menschen in den Mittelpunkt zu stellen? Mit jüngsten Entwicklungen der Künstlichen Intelligenz stehen wir an einem epochalen Wendepunkt, so der Erfolgsautor Yuval Noah Harari in seiner großen Abhandlung über die Entwicklung der „Informationsnetzwerke".[77] Gegen-

---

77 Yuval Noah Harari, Nexus, München 2024.

über allen unverkennbaren, immensen Chancen seien die Gefahren einer sich selbst überlassenen, sich selbst weiterentwickelnden Künstlichen Intelligenz unvergleichlich größer, ja bedrohlich für die Menschheit. Harari sieht alle auf allen Ebenen gefordert, „Unfehlbarkeitsfantasien" aufzugeben und wirksame Selbstkorrekturmechanismen auf den Weg zu bringen, damit die Chancen *menschlich* genutzt werden.

Nähe ist und bleibt fundamental; denn „wichtig ist der Mensch, nicht das Medium" (Chiara Lubich). Auch im digitalen Zeitalter. Wenn kompetente Fachleute ans Ende einer Publikation einen warmherzigen Dank an die Frau bzw. an den Partner für alles Verständnis, fürs Mittragen, für ihr Dasein setzen, dann wissen wir wieder, wovon wir bei allem Fortschritt auch in Zukunft allesamt leben werden. Papst Franziskus hat recht: Als Menschen brauchen wir die menschliche Begegnung. In seiner jüngsten Enzyklika „Dilexit nos" schreibt er: Gerade „im Zeitalter der künstlichen Intelligenz dürfen wir nicht vergessen, dass zur Rettung des Menschen Poesie und Liebe notwendig sind" (DN 20).

Dialog statt Polarisierung in Politik und Gesellschaft

Eine wachsende Polarisierung wird derzeit in vielen Ländern zu einer ernsten Gefahr für das Zusammenleben. Der Ton ist rauer geworden, die Gesprächsunfähigkeit und -unwilligkeit scheinen zuzunehmen.

Die Verunsicherung in unserer unübersichtlichen Welt, aber auch gezielt gestreute „Fake News", bewusst platzierte Lügen, tragen dazu bei, dass allzu einfache Antworten Hochkonjunktur haben (vgl. hierzu auch Franziskus, FT 200ff). Viele Menschen bewegen sich in ihrer *bubble*, ihrer „Blase", in der sie Bestätigung finden.[78] Lagerbildungen haben nicht nur in den USA zugenommen. Franziskus beklagt, dass generell

„... in der heutigen Gesellschaft Formen von Fanatismus, von hermetisch abgeschotteten Denkweisen und die gesellschaftliche und kulturelle Fragmentierung wachsen ... [Doch] wir sehen, wie jede Art fundamentalistischer Intoleranz den Beziehungen zwischen den Personen, Gruppen und Völkern schadet ... Finden wir uns nicht damit ab, abgeschlossen nur in einem Bruchstück der Realität zu leben" (FT 191).

Das probate Gegenmittel heiße *Dialog*: „Um einander zu begegnen und sich gegenseitig zu helfen, müssen wir miteinander sprechen" (FT 198).

Polarisierungen gibt es auch unter Christen, auch in den Kirchen. Dabei ist Kirche berufen, Zeichen und

---

78 Franziskus schreibt treffend: „Viele Plattformen funktionieren so, dass sich im Endeffekt häufig nur Gleichgesinnte begegnen und eine Auseinandersetzung mit Andersartigem erschwert wird. Diese geschlossenen Kreise erleichtern die Verbreitung von falschen Informationen und Nachrichten und schüren Vorurteile und Hass" (FT 45).

Werkzeug einer Einheit in Vielfalt zu sein, „Haus und Schule der Gemeinschaft", wie Johannes Paul II. formulierte (NMI 43). Es zeugt von Realismus, wenn er von einer „Schule" spricht: Es geht darum, ein Lernort zu sein, wo Dialog, Hören auf- und Lernen voneinander praktiziert werden. Ein Ort, wo sich jeder einbringen kann und jeder seinen Platz bekommt, wie Chiara betont:[79]

> „In einer Gemeinschaft, die sich von der Liebe inspirieren lassen will, wie Jesus sie uns gelehrt hat, kann es keinen Platz für Ungleichheit, höhere und niedrigere Ränge, für Ausgrenzung und Vernachlässigung geben" (PdV, 339-341).

Ein offener, ehrlicher Dialog erscheint als der Königsweg, um Polarisierungen zu überwinden. Oberflächliche Toleranz führt nicht weiter: Jedem seine Meinung zu lassen, ohne nach Wahrheit und Richtigkeit, nach Begründungen und Folgen zu fragen, ist in Wahrheit Gleichgültigkeit: Man nimmt einander nicht wirklich ernst. Ein „Ja und Amen" zu allem Möglichen mag bequem erscheinen und lässt es am Ende für alle ungemütlich werden.

Sich mit dem Nächsten einzumachen, das setzt das Hören auf das eigene Herz, auf das eigene Gewissen nicht außer Kraft. Im Gegenteil. Chiara betont, wie wichtig gerade in einer offenen Begegnung *das*

---

79 Vgl. hierzu ISGw, 90-95; W (passim).

Hören auf jene leise „innere Stimme" ist, die uns von innen her spüren lässt, ob etwas gut und richtig ist oder nicht. Sich einsmachen bedeute keinesfalls, unkritisch zu sein und dem anderen einfach beizupflichten und alles zu glauben, was er sagt. Zuhören ja, aber sie fühle sich „verantwortlich", die Dinge gegebenenfalls klarzustellen, so Chiara: „Du sagst dies und das, aber sieh mal, in Wahrheit ist es doch so ..."[80]

„Man muss vorsichtig sein mit dem ‚Sich-Einsmachen'. Wir müssen dabei das, was andere sagen, mit dem abgleichen, was uns die innere Stimme sagt. Dann sind wir nicht passiv, sondern aktiv dabei ... Manchmal wäre es, auch in der Familie, leicht, um des lieben Friedens willen alle ‚in Frieden zu lassen'. Doch wir dürfen uns nicht unkritisch einsmachen."[81]

Eine „Einheit des Denkens", in der kein Platz für verschiedene Meinungen ist, widerstrebt jedem mündigen Menschen und Christen. Und die Geschichte lehrt: Wo immer Gleichförmigkeit angestrebt wird, bleiben am Ende viele auf der Strecke. Um die Wahrheit ist zu ringen; Wege sind zu suchen, und zwar in einem respektvollen Miteinander, in der Bereitschaft zu hören, voneinander zu lernen, eigene Positionen hintanzusetzen, um wahrnehmen zu können, was der

---

80 Bei einer Veranstaltung der Fokolar-Bewegung, Castel Gandolfo, 19.1.1988, zit. in Vicinanza, 127f.
81 Ebd.

andere wirklich meint und intendiert. Dabei ist jedem das Recht zuzugestehen, sich selbst treu zu sein, wie Franziskus betont:

> „Niemand wird die ganze Wahrheit besitzen oder alle seine Wünsche erfüllen können. Ein solcher Anspruch würde nämlich dazu führen, den anderen zu zerstören, indem man ihm seine Rechte verweigert. Die Suche nach einer falschen Toleranz muss dem Realismus des Dialogs weichen, dem Realismus derer, die überzeugt sind, ihren Prinzipien treu bleiben zu müssen, gleichzeitig aber anerkennen, dass der andere ebenso das Recht hat, zu versuchen, seinen eigenen Prinzipien treu zu sein" (Franziskus, FT 221).

Es ist gut, eine eigene Meinung, eine Überzeugung zu haben – aber immer in der Offenheit für andere; denn niemand ist im Besitz „der ganzen Wahrheit". Niemals sind wir, weder als Einzelne noch als kleine oder große Gemeinschaft, am Ende des Erkennens. Selbst wenn wir nicht alles teilen, was andere denken und sagen, selbst wenn wir ihr Verhalten für inakzeptabel halten: Wir sollten damit rechnen, dass wir immer etwas zu lernen haben. Wir brauchen den offenen Dialog, die gemeinsame Wahrheitssuche, das Ringen um einen grundlegenden Konsens, der verschiedene Meinungen zu integrieren vermag. Konflikte gehören dazu. Nicht aber Rückzug, Abschottung und Spaltung: Sie schaden jedem und allen. Wenn eine Gesellschaft keine „tiefe Achtung vor der Wahrheit der Menschenwürde" entwickelt, so Franziskus, hat sie „keine Zukunft" (FT 207; zum Ganzen vgl. FT 198-224).

Eine Gefahr liegt darin, sich auf subtile Weise doch überlegen zu wähnen. Dann würde das Zuhören zu einer bloßen Strategie, um den anderen letztlich doch für die eigene Sache zu gewinnen. Zwei Worte von Chiara sind diesbezüglich wie eine Brandmauer:

> „Alles, was frei ist, ist im Keim bereits christlich" (Lubich, A1, 285).

Sodann eine öfter von ihr zitierte Stelle aus dem Jahr 1949:

> „Seien wir allen gegenüber in einer Haltung des Lernens, denn wir haben wirklich etwas dazuzulernen" (28.8.1949).[82]

Zwischenmenschliche Begegnung braucht das Freilassen und die Lernbereitschaft, die Offenheit für anderes und für Neues. Wer sich nicht frei und geachtet fühlt, wird umso entschlossener auf seinen Positionen und in seiner Welt verharren. Vonnöten ist, wie der Soziologe Patrick Gilger SJ formuliert, eine Haltung der „Durchlässigkeit", die andere und anderes nicht abblockt, sondern aufzunehmen imstande ist.[83] Wer

---

82 Vgl. zum Beispiel ihren Beitrag für die siebte Versammlung der Weltkonferenz der Religionen für den Frieden, Amman/Jordanien, 29.11.1999.

83 Public relations in a Secular Age: the role of the Focolare Movement, Focolare Forum for Dialogue and Culture, March 3-4, 2023.

erlebt, dass Raum ist für ihn, tut sich leichter, seinerseits Raum zu geben. In solcher Gegenseitigkeit kommt ein Prozess in Gang, der nie abgeschlossen ist: Es ist ein immer neues Lernen von- und miteinander. Auf Augenhöhe, wie Chiara schreibt:

> „Im Dialog sein bedeutet vor allem, auf Augenhöhe miteinander zu sprechen, sich nicht für besser zu halten. Mit jedem Menschen kann man in einen solchen Dialog treten, auch mit dem Jüngsten, auch mit dem Elendsten … Es bedeutet auch, auf das zu hören, was der andere im Herzen hat. Dazu ist es nötig, die eigenen Gedanken zurückzustellen, möglichst frei sein, um sich in den anderen wirklich hineinversetzen zu können … Ein so geführter Dialog trägt zur universalen Geschwisterlichkeit bei; er ermöglicht die Begegnung mit den unterschiedlichsten Menschen, selbst mit solchen, mit denen wir es nicht für möglich gehalten hätten" (Lubich, Sehnsucht, 281).

Das ist gelebte *gegenseitige* Nähe, echter Dialog. Es ist

> „… mehr als Höflichkeit und Verständnis, keine ‚Technik' der menschlichen Beziehungen, keine Taktik, um Zustimmung zu erlangen und die eigenen Ideen zu verkaufen. Die Liebe hat nur ein Ziel: sich ganz und gar und ohne irgendwelche Interessen zu verschenken" (Lubich, Discorsi in ambito civile e ecclesiale, 517).

Der Dialog kann manchmal „leidenschaftlich" sein und darf es, wie Franziskus feststellt:

„Wir können gemeinsam die Wahrheit im Dialog suchen, im ruhigen Gespräch oder in der leidenschaftlichen Diskussion. Das ist ein Weg, der Ausdauer braucht und auch vom Schweigen und Leiden geprägt ist. Er ist in der Lage, geduldig die umfangreiche Erfahrung der Menschen und Völker zusammenzubringen" (FT 50).

In der Mitte dieses Zitats stehen wichtige Begriffe: „Ausdauer", „Schweigen", auch „Leiden". Es ist ein anspruchsvoller Weg, er kostet, er scheut nicht den Konflikt, die konstruktive Auseinandersetzung. Er verlangt u. U. Mut, zu sagen, was man denkt: Freimut! Es ist ein Weg, der nie zum Abschluss kommt, es ist die immer neue Dynamik „dreifaltigen Lebens". Wo wir uns darauf einlassen, einander achten und hören, voneinander lernen, da kommt vieles in Bewegung, da können Fronten aufbrechen, auch im politischen Tagesgeschäft: „Nächste werden ist eine Dynamik, die den Willen erfordert, *auch den politischen Gegner ‚mit dem Ohr des Herzens' anzuhören*: mit ihm in Dialog zu treten, um die Gräben und Spaltungen zu überwinden, den ersten Schritt zu tun, sich unvoreingenommen in seine Lage zu versetzen und seiner Sichtweise respektvoll zu begegnen", so fassen Judith Povilus und Lida Ciccarelli die Gedanken von Chiara zu diesem drängenden Problem zusammen (Vicinanza, 60f).

In der Welt der Politik

Der „Welt der Politik" hätten sie, Chiara und die um sie entstehende Gemeinschaft, „von jeher besondere Aufmerksamkeit geschenkt", denn sie biete die Gelegenheit zu einer Nächstenliebe „in einem Crescendo der Liebe: von der zwischenmenschlichen Liebe hin zu einer weiteren Liebe gegenüber der Polis", der Stadt, des Gemeinwesens. Dies sagte Chiara in ihrem Beitrag bei einem Politikertreffen in Castel Gandolfo (9.6.2000). Und sie betonte, wie wichtig auch in der Politik die Achtung und das Wohlwollen gegenüber Politikerinnen und Politikern anderer Parteien sei.[84] Politisches Engagement kann eine außerordentliche Weise gelebter Nächstenliebe sein. Dem, der entsprechend agiert, werde Christus beim „Schlussexamen" sagen:

> „Du warst überzeugt, dass nur aus einer Liebe mit einer gesellschaftlichen Dimension soziale Gerechtigkeit erwachsen kann, und du hast entsprechend gehandelt: Das hast du für mich getan" (AB, 142; zuvor in: Lubich, Ja oder Nein, 1973).

Die politische Dimension wird in der christlichen Gesellschaftslehre bzw. katholischen Soziallehre eingehend entfaltet. Viele Aspekte verdienten eine eingehendere Behandlung, auch weil vieles in der Politik derzeit infrage gestellt wird: Das „Soziale" einer „sozialen Marktwirtschaft" droht auch in unseren Ländern unter die Räder zu kommen, wo doch eine

---

84 Auszüge in: Vicinanza, 167f.

sozialere *Welt*wirtschaft vonnöten wäre. Wer bedürftig ist, sollte sich nicht als Bettler fühlen müssen, sondern Achtung erleben, einen Vertrauensvorschuss, nicht einen generellen Misstrauensvorschuss („Die nutzen den Sozialstaat doch nur aus!"). Die „Vorliebe für die Bedürftigen" ist ein Kriterium, das gerade Christen in die Debatten einzubringen haben.

> „Auch in der Politik geht es um die Liebe, eine Liebe, die in das Gemeinwesen hineinwirkt, eine Liebe, die das Göttliche nicht ausschließt, sondern geradezu erfordert. Auch Politiker könnten sich fragen: Was würde Jesus an unserer Stelle tun? Welchen Dienst würde er unserem Land erweisen ...? Handeln wir entsprechend, lassen wir ihn in uns zum Zug kommen, hören wir in uns hinein und bleiben wir im Gespräch miteinander, damit sich nicht nur die eine oder andere persönliche Vorstellung durchsetzt, sondern herauskommt, was im Sinne Jesu ist. Das wollen wir dann mit allen uns zur Verfügung stehenden Kräften voranbringen, in der Achtung voreinander ... Auf den Versuch kommt es an" (Sehnsucht, 322).

Papst Franziskus spricht von „politischer Nächstenliebe":

> „Es ist keine pure Utopie, jeden Menschen als Bruder oder Schwester anerkennen zu wollen und eine soziale Freundschaft zu suchen, die alle integriert. Dazu braucht es Entschiedenheit

und die Fähigkeit, wirksame Wege zu finden, die sie real möglich machen. *Jegliches Bemühen in diese Richtung wird zu einer anspruchsvollen Ausübung der Nächstenliebe.* Denn ein Einzelner kann einer bedürftigen Person helfen, aber wenn er sich mit anderen verbindet, um gesellschaftliche Prozesse zur Geschwisterlichkeit und Gerechtigkeit für alle ins Leben zu rufen, tritt er in das Feld der umfassenderen Nächstenliebe, der politischen Nächstenliebe ein" (FT 180).

Schon 2013 hatte Franziskus in *Evangelii gaudium* die Politik „eine der wertvollsten Formen der Nächstenliebe" genannt, *weil bzw. insofern „sie das Gemeinwohl anstrebt"* (EG 205) – ein wichtiger Zusatz, der immer wieder in Erinnerung gerufen zu werden verdient.

Einer der Mitgründer der Fokolar-Bewegung, von dem wichtige Impulse für ein Engagement in die Gesellschaft hinein ausgingen, war der italienische Publizist und Politiker Igino Giordani (1894–1980). Der im Ersten Weltkrieg schwer verwundete Giordani, verheiratet und Vater von vier Kindern, war ein überzeugter Pazifist und Antifaschist. Nach dem Zweiten Weltkrieg wurde er ins italienische Parlament gewählt; sein politisches Engagement und sein Einsatz für eine Anerkennung des „Laienstands" in der Kirche haben in der Fokolar-Bewegung die Sensibilität für die Thematik gestärkt. Seit Jahren setzen sich Politiker und Politikerinnen verschiedener politischer Lager im Forum *Politik und Geschwisterlichkeit* gemeinsam für den Schutz und die Förderung grundlegender Werte in der Gesellschaft ein. Besondere Aufmerksamkeit gilt dabei den Schwächsten der Gesellschaft.

2001 sprach Chiara Lubich beim Kongress *1000 Städte für Europa* in Innsbruck über die Geschwisterlichkeit als Ziel und Methode der Politik. Ihr Aufruf, Politikerinnen und Politiker anderer Lager zu achten, gipfelte in dem provokanten und erklärungsbedürftigen Wort, man solle die Partei des anderen „lieben wie die eigene". Dies setzt natürlich voraus, dass ein klares Ja zu den unveräußerlichen Menschenrechten, zur Würde jedes Menschen zugrundeliegt und konkreter Maßstab allen politischen Handelns ist; es kann nicht gelten für rechtspopulistische oder extremistische Parteien. Gemeint ist offenkundig, berechtigte Anliegen und Wertvorstellungen der anderen wahrzunehmen, unter Umständen dieses oder jenes Anliegen aufzugreifen, sofern es dem Gemeinwohl dient.

Das Aushalten von Unterschieden gehört dazu und vor allem: immer auch und zuerst den Menschen zu sehen. Der Mensch ist immer mehr als alle Zugehörigkeiten, mehr auch als seine Auffassungen, selbst dann, wenn Widerspruch angesagt ist, wenn ihm Einhalt geboten werden muss. In einer Zeit, in der auch demokratische Parteien manchmal förmlich niedergemacht werden, ist die Stoßrichtung von Chiaras Appell hochaktuell. Es geht auch um die Art und Weise, wie wir über Politikerinnen und Politiker sprechen. Politisches Engagement im Dienst am Menschen und an der Gesellschaft verdient erst einmal Wertschätzung und einen Vertrauensvorschuss. Überlegungen wie: „Wer tut sich das heute noch an?" dürfen keine weitere Nahrung bekommen. Denn Politik ist prinzipiell „eine der wertvollsten Formen der Nächstenliebe" (Franziskus).

Dialog als Lebensstil, getragen von Freundlichkeit

Chiara hat in ihren letzten Lebensjahrzehnten den Dialog in alle Richtungen gesucht und gefördert: ökumenisch, interreligiös, mit Menschen ohne religiöses Credo, mit der zeitgenössischen Kultur (vgl. W 168-186). Entscheidend wird sein, ob es gelingt, eine *Kultur* des Dialogs und der Begegnung zu schaffen. Franziskus zitiert das griffige Wort: „Das Leben ist die Kunst der Begegnung, auch wenn es so viele Auseinandersetzungen im Leben gibt" und stellt fest: Es geht um einen *Lebensstil* – einen prägenden Lebensstil eines Volkes, aller Völker (FT 215). Wo immer wir stehen, können wir diesen Stil einüben, praktizieren, mitwirken, dass er Kreise zieht, dass Abschottung und Polarisierungen nicht die Oberhand behalten oder gewinnen: Unterschiedlichkeit: ja! Polarisierung: nein!

> „Der Weg zum [sozialen] Frieden bedeutet nicht, die Gesellschaft homogen zu machen, sondern zusammenzuarbeiten. Er kann viele in einer gemeinsamen Suche vereinen, von der alle profitieren" (FT 228).

Dies sei „nur durch die Liebe möglich", stellt Franziskus fest, was heiße, „sich in den anderen hineinzuversetzen, um zu entdecken, was es an Authentischem oder zumindest Verständlichem unter seinen Motivationen und Interessen gibt" (FT 221). Es ist das, was Chiara „Sich-Einsmachen" nennt.

In einer Zeit, in der die Wogen oft so hoch schlagen, dass die Rede von einer „neurotischen Gesellschaft" ist (so der Psychologe Bernhard Hommel), wirbt Franziskus für *Freundlichkeit*. Gelassenheit und Freundlichkeit sind wie Öl im Getriebe. Sie können Verkrustungen und Verhärtungen lösen; freundliche Menschen seien „wie Sterne in der Dunkelheit".

„Freundlichkeit zu üben ist kein kleines Detail oder eine oberflächliche spießige Haltung. Da sie Wertschätzung und Respekt voraussetzt, verändert sie – wenn sie zur Kultur wird – in einer Gesellschaft tiefgreifend den Lebensstil, die sozialen Beziehungen und die Art und Weise, wie Ideen diskutiert und miteinander verglichen werden. Freundlichkeit erleichtert die Suche nach Konsens und öffnet Wege, wo die Verbitterung alle Brücken zerstören würde" (FT 223f).

Freundlichkeit ist gelebte Nächstenliebe und befreit zu mehr Nächstenliebe:

Sie „befreit uns von der Grausamkeit, die manchmal die menschlichen Beziehungen durchdringt, von der Ängstlichkeit, die uns davon abhält, an andere zu denken, von der zerstreuten Bedürfnisbefriedigung, die ignoriert, dass auch andere ein Recht darauf haben, glücklich zu sein. Heute hat man oft weder Zeit noch übrige Kräfte, um innezuhalten und andere gut zu behandeln, um ‚Darf ich?', ‚Entschuldige!', ‚Danke!' zu sagen. Hin und wieder aber erscheint wie ein Wunder ein freundlicher Mensch, der seine Ängste und Bedürfnisse beiseitelässt, um aufmerksam zu sein, ein Lächeln zu schenken, ein Wort der Ermutigung zu sagen, einen Raum des Zuhörens inmitten von so viel Gleichgültigkeit zu ermöglichen" (FT 224).

Dialog, Begegnung, Freundlichkeit tragen dazu bei, sozialen Frieden zu schaffen und zu stärken, was „harte Arbeit" erfordere, so Franzikus:

„Unterschiede zu integrieren ist viel schwieriger und langsamer, aber die Garantie für einen echten und beständigen Frieden … Worauf es ankommt, ist, Prozesse der Begegnung in Gang zu setzen, Prozesse, die ein Volk aufbauen, das die Unterschiede in sich aufnimmt" (FT 217f).

Schon die Kinder seien „mit den Waffen des Dialogs" auszurüsten, damit sie „den guten Kampf der Begegnung" einüben und lernen, „dem Nächsten das Recht zuzugestehen, er selbst zu sein und anders zu sein" (ebd.).

Frieden?

Frieden in der Gesellschaft wie zwischen Völkern kann es nur geben, wenn universell gültige Grundprinzipien anerkannt werden. Ihre Begründungen können verschieden sein, auch die Normen, die aus ihnen abgeleitet werden, betont Franziskus (vgl. FT 203f). Besonders in einer pluralistischen Gesellschaft ist das wichtig. Es wäre nicht richtig zu sagen: „Ohne Glauben an Gott gibt es keine Moral."

„Dass jeder Mensch eine unveräußerliche Würde besitzt, ist eine Wahrheit, die der menschlichen Natur unabhängig jeden kulturellen Wandels zukommt. Deshalb besitzt der Mensch die gleiche unantastbare Würde in jeder historischen Epoche. Niemand kann sich durch die Umstände ermächtigt fühlen, diese Überzeugung zu leugnen oder ihr nicht entsprechend zu handeln" (Franziskus, FT 213).

Der Verstand, so Franziskus, kann „durch Reflexion, Erfahrung und Dialog die Wirklichkeit der Dinge erforschen, um innerhalb dieser Wirklichkeit, die ihn übersteigt, die Grundlage bestimmter allgemeingültiger sittlicher Ansprüche zu erkennen". Er fährt fort:

„Agnostikern mag diese Grundlage ausreichend erscheinen, um den nicht verhandelbaren ethischen Grundprinzipien eine starke und beständige universelle Gültigkeit zu verleihen und weitere Katastrophen zu verhindern. Für Gläubige ist die menschliche Natur als Quelle ethischer Prinzipien von Gott geschaffen, der diesen Prinzipien letztlich eine feste Grundlage verleiht" (FT 213f).

Alle „Menschen guten Willens" *können und müssen zusammenwirken,* um immer wieder Frieden zu schaffen und nach entsprechenden Wegen zu suchen. Welche Aufgabe …

Die weltweiten Rüstungsausgaben beliefen sich im Jahr 2023 auf ein Rekordhoch von fast 2.300.000.000.000 Euro. Eine Million mal 2,3 Millionen, Tendenz steigend. Wichtige Bereiche wie Armutsbekämpfung und Gesundheit, der Kampf gegen Umweltzerstörung und die Klimakrise treten zurück, so stellt das Stockholmer Institut für Internationale Friedensforschung (SIPRI) im Jahresbericht 2024 fest.[85] Für die unmittelbare Zukunft malen die Experten schwarz: In den aktuellen kriegerischen Auseinandersetzungen, ob in der Ukraine oder im Nahen Osten, gebe es keine Aussicht auf eine baldige Lösung. Und hierzulande wird von „Kriegstüchtigkeit" und „Kriegsbereitschaft" statt von Verteidigungsfähigkeit gesprochen. Die Tonlage ist martialischer geworden, Feindbilder werden bewusst oder unbewusst verstärkt.

---

85 www.sipri.org – Dort finden sich auch die jeweiligen Jahresberichte (yearbooks) mit detailliertem Zahlenmaterial.

„Selig, die Frieden stiften ...“? „Schwerter zu Pflug-
scharen!“? Utopisch können diese biblischen Worte
klingen, und lächerlich werden sie auch oft gemacht.

Papst Franziskus, Chiara Lubich und viele andere
ermutigen, Feindbildern zu widerstehen und sich
nicht mit dem Teufelskreis von Gewalt und Gegenge-
walt abzufinden. Und im Herzen der Menschen bleibt,
vielleicht unter dicken Schichten von Verletzungen,
Traumata und Ängsten die Sehnsucht nach „Shalom“,
nach einer Welt in Frieden.

In einem Beitrag in der Zeitschrift „Fides“, wenige Jahre nach dem Zweiten Weltkrieg, fand Chiara flam-
mende Worte, um für den Frieden zu werben:

Man müsse sich „den Kopf zerbrechen, um eine
Lösung für das heutige Drama zu finden“; wenn Jesus
in den Herzen der Menschen lebe und mitten unter
ihnen „regiere“, gebe es keine Zeit zu streiten, „denn
er zeigt denen, die sich in seinem Namen mit anderen
vereinen ..., in aller Deutlichkeit, was getan werden
muss, um der Welt den wahren Frieden wieder-
zugeben“.[86]

In einer Schrift aus den 1950er-Jahren führt Chiara
aus, wie eine „Diplomatie der Liebe“[87] zum Baustein
für die Einheit unter den Völkern werden könne, ein
Weg zum Frieden in der Welt:

---

86 Fides, 10/1948, 279f.
87 Veröffentlicht in: A1, 72; vgl. Vicinanza, 151.

„Sich mit dem Nächsten einsmachen in völliger Selbstvergessenheit, die man unbemerkt und ohne es zu wollen besitzt, wenn man an den anderen, an den Nächsten denkt: Das ist die Diplomatie der Liebe, die äußerlich der üblichen Diplomatie in vielem gleicht: Sie sagt nicht alles, was sie sagen könnte, weil es dem anderen nicht angenehm wäre und Gott nicht gefallen würde; sie kann abwarten, ist redegewandt und vermag ihr Ziel zu erreichen … Aber sie hat eine wesentliche und eigentümliche Prägung, die sie von der Diplomatie unterscheidet, von der die Welt spricht. Für diese ist ‚diplomatisch' oft gleichbedeutend mit ‚nicht offen und ehrlich'. Die göttliche Diplomatie zeichnet sich durch etwas Großes aus …: Sie ist geleitet vom Wohl des anderen, jeder Anflug von Egoismus ist ihr fremd … Uns mag das wie ein Traum scheinen. Für Gott ist es die Norm, die einzige, die den Frieden in der Welt sicherstellt" (vgl. A1, 72; Vicinanza, 151).

Vom anderen her denken, an den anderen denken, das erscheint tatsächlich als Utopie, zumal auf internationaler Bühne. Es bräuchte zweifelsohne andere, wirksamere Mechanismen, die Rechte aller zu wahren und Verletzungen zu sanktionieren. Doch auch dazu ist ein Bewusstseinswandel vonnöten. Bei dem erwähnten Symposium am Sitz der Vereinten Nationen in New York (28.5.1997) führte Chiara aus, wie wichtig für den Frieden eine Liebe sei, die unterschiedslos allen gelte und zugleich die Unterschiedlichkeit wertschätze.

> „In dem Ihnen geläufigen Sprachgebrauch könnte man sagen: Diese Liebe kennt keinerlei Form von Diskriminierung … [Sie hilft,] sich nicht als eine Vielzahl von Völkern zu verstehen, die nebeneinanderher leben und sich häufig gegenseitig bekämpfen, sondern als ein einziges Volk, das durch die Verschiedenheit der Einzelnen noch schöner wird und die unterschiedlichen Identitäten bewahrt."

Es gelte, gemeinsam, durch einen Dialog auf allen Ebenen, auf eine Welt hinzuarbeiten, „in der mehr Frieden, mehr Solidarität, besonders mit den Geringsten und Ärmsten, herrscht: eine geeintere Welt". Dazu müsse allerdings die Bedeutung der „Gegenseitigkeit" in den zwischenstaatlichen Beziehungen erkannt und neu gewichtet werden. Chiara führte aus:

> „Gegenseitigkeit verlangt, alte und neue Mechanismen von Gruppenegoismus zu überwinden und statt dessen mit allen Beziehungen aufzubauen, wie die wahre Liebe sie erfordert. Sie verlangt, dass wir von uns aus auf den andern zugehen, ohne Vorbedingungen und Erwartungen. Sie führt dazu, dass wir die anderen sehen, als

seien sie wir selbst, und dass wir jede Art von Initiative unter diesem Blickwinkel angehen: Abrüstung, Entwicklung, Zusammenarbeit. Es geht um eine Gegenseitigkeit, die alle, die auf der internationalen Bühne tätig sind, dazu anleitet, sich in den anderen, in seine Bedürfnisse und Fähigkeiten hineinzuversetzen, und das nicht nur in Ausnahmesituationen, sondern in der Anteilnahme am täglichen Leben des anderen.

Der Friede, das bezeugen auch die Ziele und das Wirken der Vereinten Nationen, hat heute neue Namen. Er verlangt in erster Linie das Bemühen, Feindbilder jeder Art abzuschaffen. Doch es genügt nicht, den Krieg auszuschließen. Man muss vielmehr die Bedingungen dafür schaffen, dass jedes Volk befähigt wird, die Heimat des anderen wie die eigene zu lieben, in einem uneigennützigen, gegenseitigen Austausch der Gaben" (Impulse, 30-34).

Ähnlich äußerte sich Chiara in einer Rede vor katalanischen Parlamentsabgeordneten (Barcelona, 29.11.2002):

„Das wäre die höchste Würde für die Menschheit: sich nicht mehr als eine Summe von oft sich bekämpfenden Völkern zu empfinden, sondern durch die gegenseitige Liebe als ein einziges Volk, bereichert durch die Diversität der Einzelnen und so Hüter der Einheit in den verschiedenen Identitäten" (Lubich, Dottrina, 326f).

Der Traum vom Frieden hat Chiara zutiefst umgetrieben, wie sie selbst bekennt:

> „Er begleitet uns Tag und Nacht. Der Frieden ist ein großes Ideal; es braucht Menschen, die an ihn glauben und für seine Verwirklichung arbeiten ... Denn darin besteht ja die göttliche Bestimmung der Menschheit: in der Geschwisterlichkeit von Menschen aller Völker, Kulturen und Glaubensrichtungen. Die geschwisterliche Liebe ist dem Menschen tief ins Herz eingeschrieben ... Das menschliche Zusammenleben braucht die konkrete, großzügige, selbstlose Liebe jedes Einzelnen. Dies ist der Weg, um unsere Welt zu einer Wohnung umzugestalten, die der Kinder Gottes würdig ist" (Sehnsucht, 295).

Papst Franziskus hat sich den Ruf zu eigen gemacht: „Nie wieder Krieg!" (FT 258) und ist überzeugt:

> Wir „können ... den Krieg nicht mehr als Lösung betrachten, denn die Risiken werden wahrscheinlich immer den hypothetischen Nutzen, der ihm zugeschrieben wurde, überwiegen. Angesichts dieser Tatsache ist es heute sehr schwierig, sich auf die in vergangenen Jahrhunderten gereiften rationalen Kriterien zu stützen, um von einem eventuell ‚gerechten Krieg' zu sprechen" (ebd.).

„Jeder Krieg hinterlässt die Welt schlechter, als er sie vorgefunden hat. Krieg ist ein Versagen der Politik und der Menschheit, eine beschämende Kapitulation, eine Niederlage gegenüber den Mächten des Bösen. Halten wir uns nicht mit theoretischen Diskussionen auf, sondern treten wir in Kontakt mit den Wunden, berühren wir das Fleisch der Verletzten. Schauen wir auf die vielen massakrierten Zivilisten als ‚Kollateralschäden‘. Fragen wir die Opfer. Achten wir auf die Flüchtlinge …“ (FT 261).

Fragen wir, *sehen* wir die Opfer, alle Opfer, jede(n) Einzelnen von ihnen … Wie oft werden die Menschen *über*sehen, wie oft werden nur die einen gesehen und die anderen nicht, in der Berichterstattung wie auch in Fürbitten in Gottesdiensten. Ukrainische Opfer wie russische, israelische wie palästinensische, die Opfer in den Konflikten in Afrika, sie alle sind *Menschen*. Menschen, in denen uns das Antlitz Christi begegnet. Daran ändern die oft komplexen, manchmal auch undurchsichtigen Hintergründe nichts. Gewiss, Unrecht, Völkerrechtsverletzungen etc. müssen benannt werden. Aber *jedes* Opfer auf *jeder* Seite ist eines zu viel.

Gewaltlosigkeit? Auch dann, wenn dies ebenfalls den Tod zahlloser Menschen bedeutet? Die Gefahr der Polarisierung ist auch hier gegeben; auch hier kommen wir um Abwägungen nicht herum. Manchmal ist es nicht möglich, sich *nicht* schuldig zu machen, weil

wir verstrickt sind in eine Welt, in der es eben auch
das Böse gibt (nur als Stichwort: die Legitimität des
„Tyrannenmords"). Wer in jedem Menschen das Antlitz Christi sieht, kann nur leiden unter den Folgen seines Tuns oder Unterlassens und mitleiden mit den
Opfern. Immer ist zu fragen, wie Leid möglichst ein-
gedämmt und Friede möglich werden kann, sind Wege zu suchen „im Dialog, im ruhigen Gespräch oder in
der leidenschaftlichen Diskussion", um die Worte von
Papst Franziskus aufzugreifen.

Und immer muss man wissen: Gewalt und Gegen-
gewalt können niemals Frieden schaffen. Frieden
braucht anderes, oft auch Zeit, viel Zeit, um Traumata
zu überwinden. „So, wie man einen Sinn nicht mit
sinnwidrigen Mitteln verwirklichen kann, genauso
kann man Frieden nicht mit Gewalt erreichen, selbst
dann nicht, wenn diese Gewalt irgendwie gerechtfer-
tigt erscheint", stellt die Psychotherapeutin Elisabeth
Lukas fest.[88] Respekt vor der „Andersheit der anderen" ist eine der Voraussetzungen für einen Weg des
Friedens. „Wer Frieden ernten will, muss Wertschätzung säen", so Elisabeth Lukas.[89] Im Kleinen wie im
Großen. Auf internationaler Skala, so Franziskus,
braucht es ein neues Bewusstsein dafür, dass nicht *ein*
kulturelles und wirtschaftliches Modell allen aufge-
zwungen werden darf; seine Enzyklika ist voller entsprechender Mahnungen.

---

88 Elisabeth Lukas, Was wirklich zählt, München 2020, 20.
89 Ebd., 35.

„Die Zukunft ist nicht ‚einfarbig'. Wenn wir den Mut dazu haben, können wir sie in der Vielfalt und in der Unterschiedlichkeit der Beiträge betrachten, die jeder Einzelne leisten kann. Wie sehr muss unsere Menschheitsfamilie lernen, in Harmonie und Frieden zusammenzuleben, ohne dass wir dazu alle gleich sein müssen!" (Franziskus, FT 100).

Die Religionen könnten eine wichtige positive Rolle spielen, wie sowohl Chiara als auch Franziskus betonen. Wenn mitunter „die fundamentalistische Gewalt bei manchen Gruppierungen welcher Religion auch immer durch die Unklugheit ihrer Anführer entfesselt" wird (FT 284), so ist dies eine völlige Verdrehung des Eigentlichen: „Die Wahrheit ist, dass Gewalt keinerlei Grundlage in den fundamentalen religiösen Überzeugungen findet, sondern nur in deren Verformungen" (FT 282). „Das Gebot des Friedens ist tief in die von uns vertretenen religiösen Traditionen eingeschrieben" (FT 284).

Ungebrochen aktuell sind Chiaras Ausführungen in einem Vortrag in der Westminster Central Hall in London (19.6.2004, in: Lubich, So sollen auch sie eins sein, 28-32):

„Echte Geschwisterlichkeit ist Frucht einer Liebe, die zum Dialog befähigt, dazu, sich nicht selbstherrlich im eigenen Umfeld abzukapseln, sondern auf die anderen zuzugehen und mit allen Menschen guten Willens zusammenzuarbeiten, um gemeinsam Einheit und Frieden in der Welt aufzubauen. Ja, Frieden ... Können die Religionen, auch in ihrem Miteinander, Partner auf dem Weg des Friedens sein?

Wie wir alle wissen, ist diese Frage von großer Bedeutung und äußerst aktuell. Viele sehen im sich ausbreitenden Terrorismus, in den Kriegen, die in verschiedenen Teilen der Welt zu seiner Bekämpfung geführt werden, in den anhaltenden Spannungen im Nahen Osten Anzeichen für einen möglichen ‚Kampf der Kulturen'. Dieser Kampf, dieser Zusammenprall sei gekennzeichnet durch die unterschiedliche Religionszugehörigkeit und würde durch sie noch verschärft. Doch diese durch extreme Einstellungen und Fanatismus ... beeinflusste Sichtweise vermittelt ein verzerrtes Bild der Religionen und erweist sich bei genauerer Beobachtung als sehr einseitig.

Tatsache ist, dass sich wie nie zuvor Gläubige und Verantwortliche aller Religionen verpflichtet fühlen, zum Wohl der Menschheit zusammenzuarbeiten. Organisationen wie die *Weltkonferenz der Religionen für den Frieden* oder Initiativen wie das Friedensgebet, zu dem Johannes Paul II. im Januar 2002 nach Assisi eingeladen hat, sind ein Beweis dafür. Damals hatte der Papst im Namen aller Anwesenden bekräftigt: ‚Wer im

Namen der Religion Gewalt schürt, handelt gegen ihre authentische und tiefste Inspiration.' Er unterstrich weiter: ‚Kein religiöses Ziel rechtfertigt die Anwendung von Gewalt durch einen Menschen gegenüber einem anderen', denn ‚wer den Menschen verletzt, verletzt letztlich Gott' … Einer Strategie des Todes und des Hasses gegenüber kann die einzig gültige Antwort nur die sein, den Frieden in Gerechtigkeit aufzubauen. Aber es gibt keinen Frieden ohne Geschwisterlichkeit. Allein die Geschwisterlichkeit unter den einzelnen Menschen wie unter den Völkern kann in Zukunft ein friedliches Zusammenleben garantieren. Im Übrigen ist der Gedanke der weltweiten Geschwisterlichkeit und des Friedens, der aus ihr hervorgeht, nicht erst heute aufgetaucht. Große Persönlichkeiten waren oft von diesem Gedanken bewegt, denn ‚der Plan Gottes mit der Menschheit ist die Geschwisterlichkeit, und die geschwisterliche Liebe ist in das Herz eines jeden Menschen eingeschrieben'. ‚Die goldene Regel', so sagte etwa Mahatma Gandhi, ‚bedeutet, ein Freund der Welt zu sein und die ganze Menschheit als eine einzige Familie zu betrachten.' Und Martin Luther King rief aus: ‚Ich träume davon, dass den Menschen … eines Tages bewusst wird, dass sie geschaffen sind, um wie Geschwister miteinander zu leben …; dass die Geschwisterlichkeit … für den Geschäftsmann zur Tagesordnung gehören und für den Politiker zum Leitmotiv werden wird.'

Welche Zukunftsaussichten zeichnen sich also für eine multikulturelle, multiethnische und multireligiöse Gesellschaft ab? Ich sage es noch einmal: eine Menschheitsfamilie von Brüdern und Schwestern, die einander lieben unter dem Blick des einen Vaters bzw. – für den, der ihn nicht kennt – im Namen jener Stimme der Wahrheit, die im Gewissen eines jeden Menschen spricht. Es gibt keine Alternative, wenn wir verhindern wollen, dass unser Planet von Neuem in einem Meer von Katastrophen, Angst, Hass und Krieg versinkt. Wenn wir hingegen auch heute geschwisterlich leben, wenn wir einander lieben, werden wir automatisch in unserem Umfeld die Liebe auf den Plan rufen, und viele Menschen verschiedenster Herkunft, Kulturen und Religionen werden sich anschließen."

Um dem Frieden entgegenzugehen, braucht es die Zusammenarbeit aller Menschen guten Willens und das Zusammenwirken der Religionen. Auf allen Ebenen ist ein „befriedender Dialog" (Heribert Prantl) vonnöten, eine „Verbündung" unter Menschen verschiedener Religionen und das Gespräch. Der Muslim Navid Kermani, Friedenspreisträger des deutschen Buchhandels, und der jüdische Soziologe Natan Sznaider erinnern daran, dass man auch dann noch sprechen könne, wenn einem die Gewaltspirale die Sprache verschlägt, „und sei es ohne Worte. Sei es nur, dass man den anderen atmen hört"[90]. Den anderen atmen hören, das heißt für Juden, Christen und Muslime als „Kinder Abrahams", sich zu erinnern, dass wir es in jedem Menschen mit jenem Gott zu tun haben, der ihn aus Erdreich formte und ihm seinen Lebensatem einhauchte (Genesis 2,7). Gelebte Nähe ist Gottesnähe.

Auch in hoffnungslos verfahrenen Situationen kann Hoffnung aufkeimen, wenn es gelingt, Nähe zu leben, einander als Menschen zu sehen. Daniel Barenboim, Leiter des *West-Eastern Divan Orchestra*, in dem israelische und arabische Musikerinnen und Musiker miteinander spielen, sagte in einem Interview, wenn er in ihre Gesichter blicke und merke, dass sie „einander sehen, in all ihren Unterschieden", dass sie „einander zuhören" und gemeinsam Musik machen, dann sehe er: „Es ist möglich, einen anderen Weg als den von Krieg und Zerstörung zu gehen."[91] Gelebte Nähe ist eine, manchmal *die* Quelle der Kraft und der Hoffnung. Einander sehen und zuhören, einander als Menschen sehen und achten, das ist und bleibt der Königsweg zum Frieden.

* * *

---

90 Navid Kermani/Natan Sznaider, Israel: Eine Korrespondenz, München 2023.
91 Süddeutsche Zeitung vom 31.10./1.11.2024, S. 34.

Nicht zufällig vertraute Chiara ihre tiefe Friedens-
sehnsucht Gott selbst an. Der Friede scheint unsere
Möglichkeiten zu übersteigen, es braucht eine große
Stärke, nie zu resignieren, sich nicht hineinziehen zu
lassen in die Spiralen des Todes. Das Gebet ist ein Zeichen, dass wir mit dem „Gott des Friedens" rechnen,
es öffnet für das, was *ihm* am Herzen liegt, es hilft,
Menschen zu sehen und motiviert zum Engagement
für den Frieden. In einem Weihnachtsgruß formuliert
Chiara ihre Bitte an Gott, den nahe gekommenen Gott:

> „Gott wird Kind, um uns zu sagen, dass er nicht
> fern ist. Die Engel singen: ‚Friede den Menschen
> auf Erden.' Der in seiner Allmacht wehrlos wur-
> de, möge den Hochmut der Gewalt auslöschen,
> den Hass aus unseren Herzen nehmen und sie
> mit Liebe füllen, damit sich bald keine Nation
> mehr erinnern kann, was Krieg ist" (Lubich, Licht,
> das weiter leuchtet, 57).

Auch Franziskus beschließt sein Schreiben „über die
Geschwisterlichkeit und soziale Freundschaft" mit einem „Gebet zum Schöpfer" und einem „ökumenischen Gebet". Sie sind wie eine große Bitte, dass Gottes Stil unser Lebensstil werde:

> „Herr und Vater der Menschheit, du hast alle
> Menschen mit gleicher Würde erschaffen.
> Gieße den Geist der Geschwisterlichkeit in un-
> sere Herzen ein. Wecke in uns den Wunsch nach

einer neuen Art der Begegnung, nach Dialog, Gerechtigkeit und Frieden. Sporne uns an, allerorts bessere Gesellschaften aufzubauen und eine menschenwürdigere Welt ohne Hunger und Armut, ohne Gewalt und Krieg. Gib, dass unser Herz sich allen Völkern und Nationen der Erde öffne, damit wir das Gute und Schöne erkennen, das du in sie eingesät hast, damit wir engere Beziehungen knüpfen, vereint in der Hoffnung und in gemeinsamen Zielen. Amen."

„Herr, unser Gott, dreifaltige Liebe, lass aus der Kraft deiner innergöttlichen Gemeinschaft die geschwisterliche Liebe in uns hineinströmen. Schenke uns die Liebe, die in den Taten Jesu, in der Familie von Nazaret und in der Gemeinschaft der ersten Christen aufscheint.
Gib, dass wir Christen das Evangelium leben und in jedem Menschen Christus sehen können, dass wir ihn in der Angst der Verlassenen und Vergessenen dieser Welt als den Gekreuzigten erkennen und in jedem Bruder, jeder Schwester, die sich wieder erheben, als den Auferstandenen. Komm, Heiliger Geist, zeige uns deine Schönheit, die in allen Völkern der Erde aufscheint, damit wir entdecken, dass sie alle wichtig sind, dass alle notwendig sind, dass sie verschiedene Gesichter der einen Menschheit sind, die du liebst. Amen."

Jeden Tag neu. Ein Ausblick

Jeden Tag neu können wir „zu Nächsten werden", können wir Nähe leben.

> „Wir können von unten, bei einer Sache beginnen und für das kämpfen, was ganz konkret und naheliegend ist, und bis zum letzten Winkel des eigenen Landes und der ganzen Welt weitergehen – mit der gleichen Sorgfalt, mit der sich der Reisende von Samaria jeder einzelnen Wunde des verletzten Menschen annahm"
> (Franziskus, FT 77).

Eine zeitgemäße Nächstenliebe weiß um den Wert jedes Einzelnen und hat zugleich die Menschheit im Blick. Die Fülle, ja Überfülle an Herausforderungen könnte entmutigen. Aber, so wurde in den Impulsen von Chiara Lubich wie von Papst Franziskus deutlich, wir sind nicht allein. Trotz aller „dunklen Schatten, die nicht ignoriert werden dürfen", so Papst Franziskus, „fährt Gott fort, unter die Menschheit Samen des Guten zu säen" (FT 54). Und wie der Samariter einen

Gastgeber suchte, „der sich um jenen Menschen küm-
mern konnte, genauso sind auch wir gerufen, andere
einzuladen und uns in einem ‚Wir‘ zu begegnen, das
stärker ist als die Summe der kleinen Einzelpersonen"
(FT 78). Im „Wir" liegt eine große Kraft.

Es ist die in aller Einfachheit, einfühlsam und achtsam gelebte Liebe, die über alle Unterschiede hinweg
das „Wir" hervorbringt und Gemeinschaft schafft:

> „Wenn wir alles mit einfachen Augen betrach-
> ten, ist Gott es, der durch unsere Augen schaut:
> Gott, die Liebe … Schauen wir auf jeden Men-
> schen in Liebe; und lieben heißt schenken. *Dem
> Geschenk aber folgt ein Geschenk: Auch wir werden
> Liebe finden*" (Lubich, A1, 146).

In einem ausführlicheren Text, auf den dieses Zitat
zurückgeht,[92] erläuterte Chiara:

> „Die Liebe besteht darin, zu lieben und geliebt
> zu werden … Schau also auf jeden Mitmenschen
> in einer Haltung der Hingabe, schenke dich
> ihm, weil du dich Jesus schenken willst, und Je-
> sus wird sich dir schenken. Das ist ja das Gesetz
> der Liebe: ‚Gebt, dann wird auch euch gegeben
> werden‘ (Lukas 6,38). Lass dich aus Liebe zu Jesus
> vom Nächsten ‚in Besitz nehmen‘, lass dich von
> ihm ‚verzehren‘, sei gleichsam Eucharistie für

---

92 Erstmals veröffentlicht in der Zeitschrift *La Via*, 12.11.1949; vgl.
Vicinanza, 91f.

ihn. Stelle dich ganz in seinen Dienst, denn das ist Gottes-Dienst. Und der Nächste wird sich dir zuwenden und dich lieben.

Die Erfüllung aller Sehnsucht Gottes liegt in der geschwisterlichen Liebe, die er zum Gebot gemacht hat: ‚Ein neues Gebot gebe ich euch: Liebt einander!' (Johannes 13,34) … Und die Liebe wird sich aufmachen und andere Mitmenschen lieben; denn wenn der Blick einfach geworden ist, findet sie sich in ihnen, und alle werden eins sein."

Der Traum einer in Vielfalt geeinten Welt, einer universalen Geschwisterlichkeit, der Chiara wie Franziskus beseelt, beginnt in der Tag für Tag gelebten Nächstenliebe, im „Liebe-Sein". So unbedeutend dies erstmal wirken mag – vielleicht ist es eben doch die „Steinschleuder", mit der David den Riesen besiegte, die Kraft, die „eine neue Menschheit ermöglicht" (Franziskus, DN 219), der Ansatzpunkt für eine andere Welt, die Basis für die Schaffung anderer Strukturen, einer Kultur der Nähe, einer „Zivilisation der Liebe" in unserem von Konflikten überzogenen globalen Dorf.

Die vielfältigen hier zusammengetragenen Impulse zeigen: Es ist schön, es ist tröstlich und eine Quelle der Hoffnung, wenn Menschen beginnen, mit- und füreinander zu leben „nach Gottes Stil"– in einem Mit-Leid, das nichts Mitleidiges an sich hat, sondern *compassion* ist; in einer *tenerezza*, einer „Zärtlichkeit", die liebevolle Behutsamkeit und respektvolles Feingefühl beinhaltet; in der Weggemeinschaft mit anderen Menschen, in der die Verschiedenheit nicht spaltet, sondern ausgehalten wird und bereichert; im gemeinsamen Suchen und beständigen Lernen von- und miteinander; in der Vorliebe für die Leidenden, die Armen, auch für unsere „darbende Schwester Erde"; im tatkräftigen Engagement auf allen Ebenen, jeder an seinem Platz und mit seinen Möglichkeiten.

Nähe, Mit-Leid, Zärtlichkeit, kurz: „Liebe", das ist Gottes Stil und Wesen. Es ist das, wofür wir gemacht sind.

Abkürzungs- und Quellenverzeichnis

Von Papst Franziskus

© Dicastero per la Comunicazione – Libreria Editrice Vaticana

AL = Amoris laetitia (Nachsynodales Apostolisches Schreiben vom 8.4.2016)
EG = Evangelii gaudium („Die Freude des Evangeliums", Apostolisches Schreiben vom 24.11.2013)
FT = Fratelli tutti. Über die Geschwisterlichkeit und die soziale Freundschaft (Enzyklika vom 3.10.2020)
LS = Laudato si'. Über die Sorge für das gemeinsame Haus (Enzyklika vom 24.5.2015)

DN = Dilexit nos. Über die menschliche und göttliche Liebe des Herzens Jesu Christi (Enzyklika vom 24.10.2024)

Beim Erscheinen dieser seiner jüngsten Enzyklika war die Arbeit an der vorliegenden Publikation praktisch abgeschlossen. Papst Franziskus gibt da – inhaltlich auf der gleichen Linie wie seine anderen Schreiben – teils sehr persönliche Einblicke in das, was ihn zuinnerst bewegt. In einer Welt, in der „alles käuflich und bezahlbar" scheine, würden wir geradezu „getrieben, nur anzuhäufen, zu konsumieren und uns abzulenken, gefangen in einem entwürdigenden System, das uns nicht erlaubt, über unsere unmittelbaren und armseligen Bedürfnisse hinauszusehen". Die Liebe Christi, so schreibt er am Ende in drastischen Worten, stehe „außerhalb dieses abartigen Räderwerks". Jesus Christus sei „in der Lage, dieser Erde ein Herz zu verleihen und die Liebe neu zu beleben, wo wir meinen, die Fähigkeit zu lieben sei für immer tot". Auch die Kirche brauche diese Verlebendigung, „damit nicht an die Stelle der Liebe Christi vergängliche Strukturen, Zwangsvorstellungen vergangener Zeiten, Anbetung der eigenen Gesinnung oder Fanatismus aller Art treten, die schließlich den Platz der bedingungslosen Liebe Gottes einnehmen, die befreit, belebt, das Herz erfreut und die Gemeinschaften nährt" (Nr. 218f).

Von Chiara Lubich

© Für die italienischen Originaltexte: Città Nuova Editrice, Rom

A1 = Alle sollen eins sein. Geistliche Schriften, München ²1999
AB = Alles besiegt die Liebe, München 1998
L'amore al fratello, Rom 2012
L'arte di amare, Rom 2005
Cercando = Cercando le cose di lassù, Rom ²1992
Conversazioni in collegamento telefonico a cura di Michel Vandeleene, Rom 2019
Costruendo = Costruendo il castello esteriore, Rom 2002
Damit die Liebe lebendig bleibt. Im Gespräch über die Familie, Friedberg 2008
Der Schrei der Gottverlassenheit. Der gekreuzigte und verlassene Jesus in Geschichte und Erfahrung der Fokolar-Bewegung, München 2001

Der verlassene Jesus. Meditationsimpulse über das Geheimnis der größten Liebe, München 2016

Der Wille Gottes, München [3]1990

Diario 1964/65, Rom 1965

Discorsi in ambito civile ed ecclesiale a cura di Vera Araújo, Rom 2020

La dottrina spirituale, Rom 2006

Für eine geeinte Welt, München 1990

Gemeinsam unterwegs. Impulse 1981–1983, Friedberg 1995

„Ich liebe, also bin ich". Betrachtungen über die Liebe zum Nächsten, München 2012

Il dialogo è vita, Rom 2007

Im Menschen Christus erkennen, München [2]1980

In Brot und Wein. Die Eucharistie – Sakrament der Gemeinschaft, München [5]1989

In unità verso il Padre, Rom 2004

ISGw = In Seiner Gegenwart. Gebet und Leben. Hg. von Stefan Liesenfeld, München 2022

Ja oder Nein, München 1973

Jesus der Verlassene und die Einheit, München 1985

Leben aus dem Wort, München [4]1989

Lettere = Lettere 1939–1960, a cura di Florence Gillet, Rom 2022

Lettere dei primi tempi, Rom 2010

Licht, das weiter leuchtet, München 2007

Maria. Mutter – Schwester – Vorbild, München, Neuausgabe 2010

PdV = Parole di Vita a cura di Fabio Ciardi, Rom 2017

Santi insieme, Rom 1994

Santità di popolo, Rom 2001

Sehnsucht = Die große Sehnsucht unserer Zeit. Jahreslesebuch. Hg. v. G. Griesmayr, München [2]2011

So sollen auch sie eins sein, München 2015

Vicinanza = Vicinanza, lo stile di Dio nella vita e nel pensiero di Chiara Lubich, a cura di Judith M. Povilus e Lida Ciccarelli, Rom 2024

Vom Geschenk des gegenwärtigen Augenblicks, München 2005

W = Weiter als gedacht. Von der Kraft der Frohen Botschaft. Hg. von S. Liesenfeld, München 2023

WdL = Wort des Lebens, in: Neue Stadt (NSt)

Wo Einheit wächst. Spirituelle Impulse für die Ökumene. Mit einer Einführung von Walter Kasper, München 2017

Andere Autoren/Zeitschriften in Auswahl:

Aretz (Hg.) = Bernd Aretz (Hg.), Chiara Lubich. Ein Leben für die Einheit. Eine biografische Skizze und ausgewählte, kommentierte Meditationen, München 2019
Città Nuova. Quindicinale del Movimento dei focolari
Jesús Morán, Fedeltà dinamica, Rom 2023
NSt = Neue Stadt, hrsg. von der Fokolar-Bewegung, Friedberg bei Augsburg
Nuova Umanità. Rivista bimestrale di cultura
Judith M. Povilus, Jesus in der Mitte. Jesu Gegenwart unter den Menschen in der Fokolar-Spiritualität, München ²1990
Stefan Tobler / Judith M. Povilus (Hgg.), Dreifaltige Einheit. Über die mystische Erfahrung von Chiara Lubich, München 2021

Weitere Quellen und Abkürzungen

Deus caritas est (Enzyklika von Papst Benedikt XVI., 25.12.2005)
DV = Dei verbum (Zweites Vatikanisches Konzil, Dogmatische Konstitution über die Offenbarung, 1965)
GS = Gaudium et spes (Zweites Vatikanisches Konzil, Pastorale Konstitution über die Kirche in der Welt von heute, 1965)
LG = Lumen gentium (Zweites Vatikanisches Konzil, Dogmatische Konstitution über die Kirche, 1964)
NMI = Novo millennio ineunte (Apostolisches Schreiben von Papst Johannes Paul II., 6.1.2001)

Papst Franziskus im Verlag Neue Stadt

VOR ALLEM BARMHERZIGKEIT

Ein Vermächtnis für die Kirche – und zentral für
unser Leben und Zusammenleben.
Hg. von Matthias Kopp

120 Seiten, gebunden
ISBN 978-3-7346-1137-7

DER SCHREI DER ERDE

Wegweisendes aus der Umwelt- und
Sozialenzyklika „Laudato si'".
Hg. von Matthias Kopp

112 Seiten, gebunden
ISBN 978-3-7346-1070-7

FÜR EINE NEUE GLOBALE GESCHWISTERLICHKEIT

Markante Worte aus »Fratelli tutti«.
Hg. von Matthias Kopp

120 Seiten, gebunden
ISBN 978-3-7346-1259-6

neuestadt.com

In derselben Reihe sind erschienen:

Impulse für eine lebendigere Gottesbeziehung

Chiara Lubich
IN SEINER GEGENWART
Gebet und Leben

Hg. von Stefan Liesenfeld

184 Seiten, kartoniert, 13 x 21 cm
ISBN 978-3-7346-1313-5

Eine »Message« mit Veränderungspotenzial

Chiara Lubich
WEITER ALS GEDACHT
Von der Kraft der Frohen Botschaft

Hg. von Stefan Liesenfeld

220 Seiten, kartoniert, 13 x 21 cm
ISBN 978-3-7346-1330-2

neuestadt.com